中国区域绿色低碳创新效率研究

RESEARCH ON REGIONAL GREEN LOW-CARBON INNOVATION EFFICIENCY IN CHINA

梁文群 ◎ 著

本书获得国家自然科学基金（71373170、71473174）、山西省软科学计划项目（2016041009-2、2017041006-5）资助

经济管理出版社
ECONOMY & MANAGEMENT PUBLISHING HOUSE

图书在版编目（CIP）数据

中国区域绿色低碳创新效率研究/梁文群著 .—北京：经济管理出版社，2018.12
ISBN 978－7－5096－6282－3

Ⅰ.①中… Ⅱ.①梁… Ⅲ.①绿色经济—低碳经济—经济发展—研究—中国 Ⅳ.①F124.5

中国版本图书馆 CIP 数据核字（2018）第 288320 号

组稿编辑：杜　菲
责任编辑：杜　菲
责任印制：黄章平
责任校对：陈晓霞

出版发行：经济管理出版社
（北京市海淀区北蜂窝8号中雅大厦A座11层　100038）

网　　址：	www.E－mp.com.cn
电　　话：	（010）51915602
印　　刷：	北京晨旭印刷厂
经　　销：	新华书店
开　　本：	720mm×1000mm/16
印　　张：	13.5
字　　数：	191千字
版　　次：	2018年12月第1版　2018年12月第1次印刷
书　　号：	ISBN 978－7－5096－6282－3
定　　价：	78.00元

·版权所有　翻印必究·

凡购本社图书，如有印装错误，由本社读者服务部负责调换。
联系地址：北京阜外月坛北小街2号
电话：（010）68022974　邮编：100836

前　言

　　科技创新是一个国家兴旺发达的不竭动力,是推动经济社会可持续发展的重要源泉,是加速实现新旧动能转换的关键要素,当今国际竞争的实质就是科技创新能力的竞争。为提高国家综合竞争力,迎接知识经济时代的挑战,中国在《2006~2020年国家中长期科学和技术发展规划纲要》中提出了建设"创新型国家"的宏伟目标,党的十八大对科技创新给予了极高的评价,提出科技创新是我国重要的战略支撑,必须通过走具有中国特色的创新之路,深入实施创新驱动战略。中共中央《关于全面深化改革若干问题的决定》将进一步深化科技体制改革作为完善市场经济体制的重要内容,提出建设国家创新体系的目标。由于中国的经济改革采取的是粗放式的发展方式,在经济快速发展的同时也带来了一系列的环境污染,给经济社会的可持续发展造成了不利影响。因此,党的十八届五中全会强调创新在国家发展战略中的核心地位的同时,进一步提出了"创新、协调、绿色、开放、共享"的发展理念,将生态创新的发展理念提到了国家战略的高度。习近平总书记在党的十九大报告中进一步明确了建设生态文明社会的重要性,明确指出,"中国要建设的现代化是人与自然和谐共生的现代化,既要创造更多物质财富和精神财富,也要提供更多优质生态产品",为中国新时期经济发展指明了方向。

　　绿色低碳创新是指为了减少生产过程中产生的环境污染和碳排放等非期望产出,在生产系统、工艺、技术和产品等方面进行的"低能耗、低污染、低排放"等创新行为。区域绿色低碳创新能力是衡量区域可持续发展水平和核心竞争能力的重要尺度,提高区域绿色低碳创新能力是建设创新型国家和实现区域经济转型的重要保障。绿色低碳创新效率是指在综合考虑生产过程中出现的环境污染和碳排放等非期望产出的前提下，组织创新活动的产出与投入之比。区域绿色低碳创新效率是考虑了能源、环境污染和碳排放因素的创新效率。提升区域绿色低碳创新效率是中国实现绿色转型和创新驱动发展的必然要求。近年来，得益于技术进步和创新资源投入的不断加大，中国区域创新效率不断提升，但是，由于中国是一个区域发展很不均衡的经济大国，区域之间的资源禀赋、经济发展、技术水平以及产业结构存在显著差异，使区域绿色低碳创新效率也出现了较为严重的失衡现象，对区域的协调发展造成了很大影响。因此，从绿色低碳发展的视角构建区域绿色低碳创新效率评估指标体系，对区域绿色低碳创新效率及其影响因素进行深入研究，对提高区域绿色低碳创新能力和实现区域可持续发展具有重大的现实意义。

本书从可持续发展的视角，综合运用管理学、经济学、系统工程、计量经济学以及可持续发展理论与方法，以挖掘区域创新潜力为目标，构建区域绿色低碳创新效率评估模型，对区域以及区域工业企业绿色低碳创新效率、创新潜力进行全面系统的分析和研究，并对影响区域绿色低碳创新效率的关键因素及其作用效应进行深入探索，提出了提升区域绿色低碳创新效率的对策建议与保障措施。

全书研究内容如下：

第一章：对区域绿色低碳创新效率的概念进行界定；对国内外绿色低碳创新效率的文献进行系统梳理和分析；阐述本书的研究内容、研究方法、研究创新及不足之处。

第二章：以技术创新理论、效率理论、低碳创新理论及可持续发展理论为基础，对本书的基础理论进行阐述，为下文的研究提供理论支撑与依据。

第三章：阐述区域经济发展、科技创新及绿色低碳发展的现状和特点，对各区域的投入产出及生态环境等指标进行分析。

第四章：构建区域传统创新效率的评估指标体系和评估模型，分别从静态和动态角度,对区域传统综合创新效率、纯技术创新效率和规模效率进行评估和比较。

第五章:构建区域绿色低碳创新效率的评估指标体系和评估模型,分别对区域绿色低碳综合创新效率、纯技术创新效率和规模效率进行评估和比较,测算区域的绿色低碳创新潜力,并对区域绿色低碳创新效率和传统创新效率进行比较。

第六章:构建区域工业企业绿色低碳创新效率的评估指标体系和评估模型,分别对区域工业企业绿色低碳综合创新效率、纯技术创新效率和规模效率进行评估和比较,对区域工业企业的绿色低碳创新潜力进行分析,并对区域工业企业绿色低碳创新效率和传统创新效率进行比较。

第七章:对山西省区域整体和工业企业的传统创新效率、绿色低碳创新效率及绿色低碳创新潜力进行分析,并与中部及全国进行比较,指出差距,分析问题,并提出相应的改进措施。

第八章:综合前人的研究结果,结合中国实际情况,对区域绿色低碳创新效率的主要影响因素及其作用机理进行分析,并构建 Tobit 回归模型,对各影响因素进行实证研究。

第九章:结合前文的分析,提出提升区域绿色低碳创新效率的具体策略及保障措施,为政府制定相关政策提供决策依据和参考。

本书是国家自然科学基金(项目编号:71373170、71473174)、山西省软科学计划项目(项目编号:2016041009-2、2017041006-5)的研究成果。

本书对参考和引用的学术成果都做了注明,若有遗漏,在此深表歉意。同时也对有关的国内外参考文献的作者表示衷心的感谢。

限于笔者的水平,书中存在疏漏和不妥之处,恳请专家与读者批评指正。

梁文群

2018 年 11 月于太原理工大学

目　录

第一章　绪论 …………………………………………………… 001
　一、区域绿色低碳创新效率的界定 …………………………… 001
　二、区域绿色低碳创新效率的研究进展 ……………………… 006
　三、研究内容与研究方法 ……………………………………… 014
　四、研究创新与不足之处 ……………………………………… 016

第二章　区域绿色低碳创新研究的理论基础 …………………… 018
　一、技术创新理论 ……………………………………………… 018
　二、效率理论 …………………………………………………… 020
　三、低碳创新理论 ……………………………………………… 024
　四、可持续发展理论 …………………………………………… 027

第三章　区域绿色低碳创新现状 ………………………………… 031
　一、科技创新 …………………………………………………… 031
　二、绿色低碳发展 ……………………………………………… 038
　三、本章小结 …………………………………………………… 046

第四章　区域传统创新效率评估 ………………………………… 047
　一、模型构建 …………………………………………………… 047
　二、指标选取 …………………………………………………… 050

三、数据来源 ································· 051
　　四、结果分析 ································· 052
　　五、传统创新效率的动态演变 ····················· 060
　　六、本章小结 ································· 061

第五章　区域绿色低碳创新效率评估 ···················· 063
　　一、模型构建 ································· 063
　　二、指标选取 ································· 064
　　三、结果分析 ································· 066
　　四、绿色低碳创新效率的动态演变 ·················· 074
　　五、绿色低碳创新潜力分析 ························ 075
　　六、绿色低碳创新效率与传统创新效率的比较 ········· 084
　　七、本章小结 ································· 087

第六章　区域工业企业绿色低碳创新效率评估 ·············· 089
　　一、模型构建与指标选取 ························· 089
　　二、工业企业传统创新效率评估结果分析 ············· 091
　　三、工业企业绿色低碳创新效率评估结果分析 ········· 100
　　四、工业企业绿色低碳创新效率的动态演变 ··········· 108
　　五、工业企业绿色低碳创新潜力分析 ················ 109
　　六、工业企业绿色低碳创新效率与传统创新效率的比较 ··· 117
　　七、本章小结 ································· 120

第七章　山西绿色低碳创新效率的比较与分析 ·············· 122
　　一、山西绿色低碳创新现状 ························ 122
　　二、山西传统创新效率分析 ························ 129
　　三、山西绿色低碳创新效率分析 ···················· 131
　　四、山西绿色低碳创新效率的动态演变 ··············· 133

五、山西绿色低碳创新潜力分析 …………………………………… 136
　　六、山西提高绿色低碳创新效率的对策建议 ………………………… 139
　　七、本章小结 …………………………………………………………… 140

第八章　区域绿色低碳创新效率的影响因素研究 ………………… 142
　　一、模型构建 …………………………………………………………… 142
　　二、指标选取 …………………………………………………………… 143
　　三、结果分析 …………………………………………………………… 147
　　四、本章小结 …………………………………………………………… 161

第九章　区域绿色低碳创新效率的提升策略 ……………………… 163
　　一、提高区域绿色低碳创新效率的对策建议 ………………………… 163
　　二、绿色低碳创新政策的保障措施 …………………………………… 167
　　三、本章小结 …………………………………………………………… 169

附　录 ………………………………………………………………………… 170

参考文献 ……………………………………………………………………… 187

后　记 ………………………………………………………………………… 203

第一章
绪 论

一、区域绿色低碳创新效率的界定

(一) 创新

"创新"(Innovation)的概念由奥地利经济学家约瑟夫·熊彼特提出。熊彼特(1912)认为,创新是把从来没有过的关于生产要素的"新组合"引入生产体系,从而形成一种新的生产能力,以获取潜在利润。创新的概念一经提出便成为学者与企业家关注的焦点,众多学者对它进行了深入的研究。由于研究者所强调的侧重点不同,创新被赋予了不同的含义,有技术创新、制度创新、组织创新、管理创新、市场创新、知识创新等,而技术创新最具可操作性和价值性,它能反映出区域生产和服务的竞争能力。

20世纪50年代初,技术创新被认为是一个由科技推动的线性过程,后来人们逐步认识到科技在创新中作用的多方位性,对它的研究开始贯穿整个创新的过程。索罗(1957)认为,技术创新具有两个条件:一是新思想来源;二是后阶段发展。这一观点被认为是技术创新界定研究上的一个里程碑。Enos（1962）从行为集合的角度对技术创新进行了界定，认为技术创新是几种行为综合的结果，包括发明的选择、资本投入的保证、组织建立、制订计划、开辟市场等。还有学者则强调创新技术的具体应用过程。Myers和Marquis（1969）认为，技术创新是基于一些新思想和新概念，通过对各种问题的不断试验与解决，最终使一个有经济和社会价值的新项目得到实际应用。Utterback（1974）指出，技术创新是指技术的实际采用或首次应用，它与发明或技术样品不同。Freeman（1982）强调新技术应用的整个过程，认为技术创新是包含新产品、新工艺、新系统或者新装置等形式在内的技术实现了第一次的商业应用，是一个技术的、工艺的、商业化的全过程。

国内学者在借鉴与吸收国外研究成果的基础上，结合中国实际，将创新的最终产品、技术与市场和经济效益结合起来，对技术创新的内涵进行了研究。傅家骥（1998）认为，技术创新是企业家以获取商业利益为目标，抓住市场的潜在赢利机会，重新组织生产条件和要素，建立起效能更强、效率更高和费用更低的生产经营系统，从而推出新的产品、新的生产工艺方法、开辟新的市场、获得新的原材料或半成品供给来源或建立企业的新组织。许庆瑞（2002）特别强调技术创新接近用户的重要性，认为技术创新是一种新思想的形成并得到利用，生产出满足市场的产品的整个过程。李晓钟等（2005）指出，技术创新主要是与新产品的制造、新工艺或设备的首次商业应用有关的技术、设计及商业活动，是新思想从形成到研究开发、生产以及第一次商业应用等有关的技术经济活动。

创新是一个应用相当广泛的概念，按照研究范围的不同可分为企业创新、区域创新和国家创新等。本书主要研究区域的技术创新问题，认为技术创新是一个知识的创造、流通和应用的过程，不仅包括新思想和新产品的形成，还包括思想及产品的市场化与商业化过程。区域技术创新是技术创新的一个层面，是以行政或经济区域为界，以区域经济发展为目的来研究技术创新。即区域技术创新是指一定区域内以企业为主体，结合地方政府、教育科研单位等构成，由科学、技术、教育、环境、经济等诸多要素形成的从创新投入到新产品商业化的全过程,包括从新思想的产生到产品设计、试制、生产、销售和市场化的一系列活动。

(二)效率

"效率"(Performance)是一个多义词,也是一个多维度的概念,常指表现、成就或成绩。从管理学角度看,效率是个体或组织为实现其相关目标而展现在不同层面上的基于输入产生的有效输出。在经济学领域,效率是指以最小的投入获得最大的产出。

效率的定义由 Debreau(1951)、Farrel(1957)和 Koopmans(1951)提出,他们认为,效率从投入角度来讲是最优投入与实际投入的比值,从产出角度来讲则是实际产出与最优产出的比值。萨缪尔森(1992)认为,效率是测度一个过程的执行情况,要求有效地利用资源以满足人的需求,且在该过程中不存在资源的浪费,即效率是一种投入产出的数量关系,其追求的是以最少的资源获得最大的效用。Bernardin 等(1995)认为,效率是特定时间内、特定的工作职能或活动所产生的结果。西方古典经济理论强调单要素效率的巨大作用,他们所指的效率主要是劳动生产率或资本生产率。新古典经济学中所说的效率是指资源配置问题,即人们所说的经济效率,又称帕累托效率。生产效率是一种组织效率,通过改善内部管理方法和改进生产技术来实现的。经济效率是一种市场效率,通过生产要素或经济资源在不同部门或行业的自由流动来实现其有效配置。帕累托将经济效率定义为:当资源有限时,在不使其他任何人境况变坏的同时使任何人的境况变得更好的经济状况。中国学者樊纲认为,经济效率是指一个社会利用物质生产要素进行生产,能够最大限度地提高效用,这个定义可以理解为生产要素的使用效率。还有学者认为,经济效率是经济成本与经济收益的关系,当成本既定时,如果收益达到最大,或者当收益既定时,使成本最小,便实现了经济效率。

根据效率的研究角度,经济研究者把效率分为技术效率、规模效率、纯技术效率等。技术效率指生产体系在现有技术的生产能力下,如何在生产要素既定时,使产出最大,或在产量既定时,如何使投入的生产要素尽可能减少。纯技术效率指在规模不变时,利用生产要素进行生产的效率,是由于技术进步带来的效率。而规模效率是对生产体规模报酬的测量,指在生产技术一定的前提下,现有规模与最优生产规模之间的差异。一般认为:技术效率=纯技术效率×规模效率。

(三) 创新效率

技术效率的概念引入技术创新活动中,便产生了技术创新效率的概念。技术创新效率是科技创新能力的重要体现,能综合反映区域科技创新资源的有效配置、合理利用和经营管理水平。关于技术创新效率的定义,目前学术界还没有达成共识。Hagedoorn 等 (2003) 从狭义与广义的角度界定了创新效率,从狭义角度来看,创新效率是企业将发明创造引入市场的程度;从广义角度来看,创新效率是一种结果,是从概念生成到发明创造引入市场过程中所取得的结果。池仁勇等 (2004) 认为,技术创新效率是多种技术创新要素投入向技术创新绩效转换的投入产出概念。还有学者认为,技术创新效率是指创新资源的利用效率,也就是国家、企业、高校等组织创新资源的投入与产出效率。

本书所指的创新效率是技术创新效率,即在既定创新投入下实现最大创新产出,或者既定创新产出水平下实现最小创新投入的能力,其值等于实际创新产出与最优创新产出的比值,或最优创新投入与实际创新投入的比值。创新效率的实质是创新投入产出的转化效率。

(四) 区域绿色低碳创新效率

从20世纪中叶开始,发达国家的环境问题开始显现,美国学者 Michael E. Poter (1995) 提出了著名的波特假说,认为严格的环境规制会使企业对生产、管理、经营进行技术创新,而且绿色技术的创新具有正外部性,会抵消部分创新活动带来的成本,增强企业竞争力。波特假说激发了国外学者对于绿色创新和低碳创新的研究。

第一章 绪 论

绿色创新是经济发展过程中实现绿色增长的重要途径，通常也被称为生态创新、环境创新、可持续创新。目前，关于绿色创新的定义，国内外学者有很多看法。有学者认为，绿色创新即为利用创新的新技术来应对严格的环境规制；也有学者认为，绿色创新包含了绿色产品、绿色技术、绿色制度等；还有学者认为，绿色创新指绿色技术创新、绿色产品创新和绿色意识创新的结合。同样，学者对低碳创新的定义也有很多，有学者认为，低碳创新是在技术创新的基础上，以低碳技术作为关键因素进行的创新；也有学者认为，低碳创新是企业追求减少污染排放和避免环境损害而对产品和服务进行新工艺、新技术、新系统的引进和改良；还有学者认为，低碳创新是在产品生命周期全过程中加入低碳理念，精简和缩短生命周期链条，降低产品周期各环节成本的创新模式。

绿色低碳创新是人类社会应对气候变化，实现经济社会可持续发展的一种模式。在梳理定义的基础上，本书结合绿色创新和低碳创新的概念，对绿色低碳创新的概念进行界定。绿色低碳创新包含了绿色、低碳和创新三方面的含义。绿色，意味着经济发展必须最大限度地减少对环境的污染和破坏，树立"绿水青山就是金山银山"的理念，加强经济发展和新旧动能转换，采取集约型经济发展方式，实现经济可持续发展；低碳，意味着经济发展必须最大限度地减少对碳基燃料的依赖，加大清洁能源和新能源的开发和利用，实现能源利用转型；创新，意味着在经济发展过程中要依靠创新驱动经济发展，实现经济的高质量发展。区域绿色低碳创新是指在考虑资源环境约束条件下，区域在技术创新方面所进行的一系列活动。区域绿色低碳创新效率是指在考虑能源与环境的前提下，某一特定区域的创新投入与产出的转化效率，即区域在既定创新资源要素投入下实现最大创新产出，或者在既定产出水平下实现最小创新投入的能力。其基本内涵是：在创新活动中，依照生态环境学和经济学的基本原理，将研发创新活动导向减少能源消耗和增强资源配置、减少环境污染和改善生态环境的方向，并最终使生态环境与经济发展相互协调，使经济效益与生态效益达到"双赢"。区域绿色低碳创新效率反映了区域绿色低碳创新投入要素对产出要素的贡献率,即绿色低碳创新活动投入资源的配置效率。区域绿色低碳创新效率代表的是区域传统创新效率的生态化程度,是在综合衡量能源和环境的影响后对区域创新质量的测度。

本书中的区域指的是中国内地的省级行政区域,即本书的研究是以中国内地30个省级行政区域(西藏由于数据不全,研究中暂不考虑)为研究对象。

二、区域绿色低碳创新效率的研究进展

(一)区域创新系统的概念

区域创新系统的研究始于1987年英国经济学家Christopher Freeman提出的国家创新系统。1992年,英国卡迪夫大学Cooke教授首次提出了区域创新系统(Regional Innovation System,RIS)的概念。随后,国内外学者对它进行了深入的研究。Cooke等(1996)在《区域创新系统:全球化背景下区域政府管理的作用》一书中,对区域创新系统进行了界定,认为区域创新系统是由在地理上相互分工与关联的生产企业、研究机构和高等教育机构等构成的区域性组织体系,且这种体系支持并产生创新。Autio(1998)认为,区域创新系统是由相互作用的子系统构成,一个是知识产生扩散系统,研究机构和高等教育机构主要产生创新知识,通过各种中介机构进行传播扩散;另一个是知识运用开发子系统,它在以企业为中心组成的网络中进行,合作和竞争是企业的横向网络,客户需求和供给是企业的纵向网络。Asheim和Isaksen(2002)认为,区域创新系统可以分为两部分:一部分为区域范围内由企业组成的产业集群,是创新活动的生产系统,称为技术—经济结构;另一部分由研究机构、高等教育部门、金融机构和职业技术培训机构等构成,是创新活动的制度基础,称为政治—制度结构。

20世纪90年代末,区域创新系统的概念被引入中国,胡志坚等(1999)对区域创新系统的概念进行了研究,阐述了区域创新系统理论的内涵。他认为,区域创新系统主要是由参与技术发展的企业、大学和研究机构组成,并有市场中介服务组织广泛介入和政府适当参与的一个为创造、储备和转让知识、技能和新产品的相互作用的创新网络系统。它由面向市场经济的科技资源、不断衍生和壮大的经营机制灵活的新型企业、新的经济政策和政府管理办法等要素组成。顾新(2001)对区域创新系统的功能、结构及运行机理作了深入研究,认为区域创新系统是在一国之内的一定地域空间,将新的区域经济发展要素或这些要素的新组合引入区域经济系统内,创造一种新的更为有效的资源配置方式,实现新的系统功能,从而推动产业结构升级,形成区域竞争优势,促进区域经济跨越式发展。龚荒等(2002)根据相关原则及各子系统的功能和相互关系构筑了区域创新体系组织结构的框架模型。杨剑等(2006)基于生命周期理论,将区域创新系统的发展分为孕育期、初生期、高速发展期、成熟期和衰落期五个阶段。张艳等(2006)认为,区域创新系统由一系列具有创新功能的基本单位通过相互作用而形成,这些单位包括企业、大学、研究机构和政府。可见,国内外学者对区域创新系统的组成结构的认识有一定的区别,国内学者在考虑区域创新系统的组成结构时除企业、大学、研究机构等要素外,均将政府这一要素列入其中。可见,在中国的创新系统中,政府发挥着举足轻重的作用。

在对区域创新系统的概念、构成进行研究的同时,学者还对影响区域创新系统的环境进行了深入研究。区域创新环境最早由欧洲创新研究小组提出,该小组认为,区域创新环境是指在有限的区域内,主要的行为主体通过相互之间的协调作用和集体学习的过程而建立的非正式的复杂社会关系,这种关系提高了本地的创新能力。国内学者王缉慈(1999)认为,区域创新环境是地方行为主体之间在长期正式或非正式的合作与交流关系的基础上形成的相对稳定的系统。顾新（2002）认为，区域创新环境包括制度环境、政策环境、市场环境、社会文化环境、法律环境和国际环境。

（二）绿色低碳创新的概念

1996年，著名经济学家Fussier和James首先对绿色创新作了详细定义。他们认为，绿色创新是基于提高对社会主体的经济价值，并促进环境优化的基础上，对技术、产品、服务等的新的创新过程，是一种全新的产品和技术，在为企业、消费者等社会主体创造经济价值的同时，更能推动环境生态向良性、积极的方向发展。Mink（1998）对绿色创新的内涵进行了扩充，认为绿色创新除了包括对产品和技术的创新，还应该包括基于生态维度建立的市场、系统、营销战略的创新。Driessen（2002）站在绿色创新应该为环境变化服务的角度，指出绿色创新最终应该是以产生环境的正效应为目标的创新活动。Chen（2006）认为，绿色创新不仅应该包括生产绿色产品、绿色生产工艺中软硬件的创新，还应该包括产品设计、降低能耗、预防污染、提高废物利用率以及环境管理相关的技术上的创新。Gilli等（2014）将绿色创新看作一种将产品创新和生态创新相结合的互补性创新，其原因是环境生产力绩效的背后综合创新水平的不足。经济合作与发展组织（OECD）认为，绿色创新是对生产工艺、管理运作模式、社会服务等的创新，在产品的生产消费总周期内，进行绿色创新可以有效地减少产品对资源环境的负面影响。

国内关于绿色创新的研究起步较晚。国内学者普遍的看法是，绿色创新不是狭义上的绿色技术的创新，而是建立在广义创新上的一种新的创新模式。杨庆义（2003）认为，在创新活动的整个过程中的绿色化都应该算作绿色创新。李海萍等（2005）认为，绿色创新以节能、减排、提升环境质量为目标，是企业在长时间内持续开展的创新活动，能够为企业带来连续不断的经济收益。杜静等（2010）认为，绿色创新的内涵不仅包括通过绿色创新实现节能减排，还通过企业间相互的仿生态联系，完成全产业的生态互联，优化整体产业结构，达到可持续发展的目标。张钢等（2013）

认为，绿色创新是在产品研发应用、新市场和新系统的开发、经济战略制定中引入生态理念，为了降低环境影响、增加环境绩效的一种创新。黄晓杏（2016）认为，绿色创新是企业站在可持续发展的战略角度，在外部条件和自身条件下，通过研发更环保的产品和工艺、改善组织管理模式来减少生产活动对环境的消极影响的创新。李玲（2018）认为，绿色创新体现了三个重要特征：第一，它是创新的一种类型，这种创新能够减少环境影响，无论它是有意的还是无意的；第二，创新并不局限在产品、工艺、市场运作方式上，还包括管理创新和制度创新；第三，创新能够让企业获得竞争优势，实现自身的可持续发展。

虽然不同学者对绿色创新和低碳创新所作出的定义各有不同，但都强调了它的环境属性与创新属性，其表达的核心思想均为在可持续发展理念下，基于不同层面关注生态环境与经济社会和谐发展所开展的创新活动。总而言之，绿色低碳创新是一种新的技术经济形式，它在传统创新的基础上将可持续发展的理念贯穿创新的全过程，通过技术、工艺、产品、管理和制度等方面进行绿色变革，一方面实现了生产低能耗、低污染、减量化和资源化的目标，另一方面也实现了经济效益和环境效果的协调统一。

（三）绿色低碳创新效率的评估方法

1. 区域创新效率的评估方法

Farrel（1957）最早提出了效率测度的生产前沿方法，通过投入产出的样本值来构造生产前沿面，使所有产出样本值均位于前沿面之内，所有投入样本值均位于前沿面之外，那么每个样本值与前沿面的距离就是该生产点的效率。Farrel 认为，效率包含两部分，一是技术效率，反映由给定的投入集合所能获得最大产出的能力；二是配置效率，即合理安排投入产出，并合理安排对应价格和生产技术的能力。通过这两种效率的结合即可实现对总体效率的测量。

国内外学者对区域创新效率进行评价的方法分为两类：一类是参数法，包括随机前沿分析（Stochastic Frontier Analysis，SFA）、厚边界分析

(Thick Frontier Analysis，TFA) 和自由分布法 (Distribution Free Approaches，DFA) 三种分析工具；另一类是非参数法，主要包括数据包络分析 (Data Envelope Analysis，DEA) 和自由处置 (Free Disposal Hull，FDH) 两种分析技术。其中，随机前沿分析和数据包络分析最为常用。

随机前沿分析方法是一种用于评价基于多投入单产出的决策单元相对效率的参数方法，由 Aigner (1977)、Meeusen (1977) 和 Battese (1977) 等学者共同提出。它既可以测算个体的技术效率，还可以分析外生变量对技术无效率均值的影响。与非参数方法相比，SFA 的最大优点是考虑了随机因素对产出的影响，它既能分解无效率的影响因素，又能考虑随机误差的影响，但是它需要根据投入产出数据特征事先确定生产函数的具体形式，所以在应用上受到一定限制。数据包络分析方法由 Farrell (1957) 首先提出，其次由 Charnes (1978) 等进行了完善，形成规模报酬不变条件下的 C^2R 模型，最后由 Banker (1984) 进行了扩展，形成了规模报酬可变的 BC^2 模型。C^2R 和 BC^2 模型被称为传统的 DEA 模型。DEA 模型是一种用于评价基于多投入多产出的决策单元相对有效性的非参数方法，它无须事先确定投入与产出指标间的函数关系，可以直接根据样本数据构建生产前沿面，借助数学规划方法对决策单元进行评价。

区域创新效率是考核区域创新系统运行状况的一项重要指标，国内外学者从不同的角度对区域创新效率进行了研究，积累了丰富的研究成果。Nasierowski (2003) 采用非参数 DEA 方法，基于 1993~1997 年的数据对 47 个国家的研发创新效率进行了测算。Wang (2003) 应用 SFA 方法，测算了 1998~2002 年 23 个 OECD 国家和 7 个非 OECD 国家的研发创新效率，实证检验了创新效率对国家经济发展、生产效率提高的影响，发现创新效率对经济发展和生产率的提高具有积极的影响。Akihiro Hashimoto 等 (2008) 基于企业和产业层面，应用研究 DEA – Malmquist 方法测算了 1983~1992 年日本医药产业的研发创新效率，发现考察期内，日本医药产业的创新效率日益降低。

国内学者对中国区域创新效率的研究成果也非常丰富。刘顺忠等

(2002)采用 C^2R 方法对中国 29 个省级区域创新系统的效率进行了评估。官成建等（2003，2005）采用 C^2R、C^2GS^2 等方法分析了中国省级区域创新系统的效率，以及创新机构资源配置情况对创新效率的影响。张宗益等（2006）对中国 31 个省域科技创新效率进行了实证研究，发现东、中、西部之间区域技术创新效率差距明显。李婧等（2011）应用随机前沿模型测度了中国区域创新效率，得出各地区创新效率明显上升的结论。刘汉初等（2018）构建科技创新效率综合测度指标体系，利用阿尔蒙法分布滞后模型引入科技创新的滞后效应，采用可变规模报酬 VRS 模型评估中国 30 个省域的创新效率，揭示创新效率的变化趋势及空间分异规律，结论是：中国科技创新投入规模呈现出沿海—内陆的极大差距，区域间科技创新投入差距已经大于经济发展水平的差距；创新效率依次从发达地区、较发达地区、一般发展区到欠发达地区逐渐降低。

2. 区域绿色低碳创新效率的评估方法

国内学者对考虑能源环境约束条件下创新效率的研究文献还不多。总体来看，主要有两种类型：一是考虑能源消耗的绿色创新效率的研究；二是考虑碳排放约束的低碳创新效率的研究。刘海鹰等（2011）使用 DEA - Malmquist 模型，对造纸业绿色技术创新水平变化进行了测度，结果表明，中国造纸业绿色创新水平从 2001 年在逐年增加，但东、西部的水平差异较大。韩晶等（2012）运用传统的 DEA 模型，选择"三废"污染指标代表非期望产出，采用非期望产出看作投入要素的处理办法对中国区域绿色创新效率进行了研究。冯志军（2013）考虑了要素的松弛性，通过 DEA - SBM 模型测算了中国 30 个省份和八大经济区的规上企业的绿色创新效率，得出沿海地区效率最高，黄河中游和大西北地区效率较低，同时还验证了该模型测度的创新效率更符合实际。岳书敬等（2014）运用 DEA 方法对中国工业企业的低碳创新效率进行了研究，结论是，低碳创新效率与传统创新效率的测度结果显著不同，重工业化进程使传统的创新效率提升快于低碳创新效率，政府支持、市场竞争和企业规模对低碳创新效率的提升起积极作用，能耗特征、外商直接投资和国有产权对低碳创新效率的提升起到负面作用。姚西龙等（2014）运用 DEA – RAM 模型，构建了包含环境效率、经济效率和创新效率的工业经济转型效率，对中国 30 个省域的绿色创新转型效率进行了研究，发现绿色效率是推动工业总体绿色创新转型效率的关键因素。曹霞等（2015）在考虑环境污染和能源消耗的基础上，采用投影寻踪模型对多维数据进行降维，运用改进的随机前沿分析构建了创新效率的测度模型，对中国区域创新效率的影响因素进行了研究。吴美琴等（2016）采用网络 SBM 模型测算了中国区域绿色创新效率和三阶段效率后得出，全国整体的绿色创新效率偏低，西部地区效率最低。龚新蜀等（2017）使用 Super – SBM 模型对中国工业绿色创新效率进行测算，研究表明中国整体的效率值不高，但趋势是不断上升的，且历年东部地区的效率均值水平都最高。

（四）绿色低碳创新效率的影响因素

国内关于创新效率影响因素的研究主要涉及创新机构资源配置状况、知识溢出、创新环境、创新网络主体间的联结机制等方面。池仁勇等（2004）研究了中国 30 个省市区的区域技术创新效率，并构筑了创新系统效率的回归模型，将制度、教育程度、投入比重等作为影响因素进行了研究。刘顺忠（2002）对科技系统创新效率进行了评价，发现创新效率低下的原因是由于创新人力和财力投入不足引起的。樊华（2012）等运用规模报酬可变的 DEA 模型测度中国省域科技创新效率及影响因素，发现工业结构、对外开放度、高等教育发展水平对科技创新效率具有正向影响效应，政府影响力具有负向影响。任耀等（2014）运用包含创新效率、绿色效率及经济效率的 DEA – RAM 模型对山西省工业绿色创新效率进行评价，发现针对山西省工业，能源投入的无效率是绿色创新效率低下的主要原因。牛彤等（2015）利用改进的四阶段 SBM – DEA 方法对山西省的绿色创新效率进行估算后，发现山西省的效率较低，而创新的大环境提升速度很快，同时煤炭业发展对优化产业结构有负效应。梁鹏（2018）等运用 SBM – Tobit 模型从绿色低碳发展的视角构建绿色低碳创新效率评价指标体系，选取 2006～2014 年中国内地 30 个省域的面板数据，研究了碳排放、经济规模、产业结构、对外开放、政府支持、环境规制、技术市场成熟度、人力资本水平、市场化水平及产学研协作等变量对区域绿色低碳创新效率的影响效应，并分别从加大政府支持力度、强化环境治理、加大教育投资和优化产业结构等方面提出提升区域绿色低碳创新效率的措施。秦天如等（2018）运用 SBM－Tobit 模型对人力资本对区域工业企业的绿色低碳创新效率进行了研究，并从缩小人力资本区域差距、加强区域间人才交流与合作、健全人力资本流动机制、制定差异化人才战略等方面提出了具体的政策建议。

（五）本书研究的出发点

综上所述，国内外学者对区域创新效率的研究成果非常丰富，为本书奠定了扎实的理论基础和方法指导，但是，现有的研究还存在以下不足：一是对"绿色低碳创新"的概念界定还比较模糊。二是在构建区域创新效率的评估指标体系中，考虑创新的经济效益维度较多，没有同时将能源消耗、环境污染和碳排放指标考虑进去，忽视了区域创新的生态效益维度，从绿色低碳视角对区域创新效率进行全面、系统和科学分析的研究成果还不多，不能准确、全面地反映转型时期区域绿色低碳创新的真实状况。三是对考虑能源环境约束下的绿色低碳创新效率和不考虑资源环境约束的传统创新效率的比较研究还非常少。四是对于绿色低碳创新效率是如何损失的研究还较少，对绿色低碳创新投入产出指标的潜力进行深入研究的文献也不多。五是传统的 DEA 研究大多从静态视角出发，对不同区域的创新效率进行横向比较，而本书采用历史演进分析，对区域不同类型的创新效率进行了动态分析。因此，本书在对国内外研究成果进行梳理的基础上，对绿色低碳创新效率的概念进行了清晰的界定；依据系统分析的原理和方法，在兼顾经济效益与生态效益双赢的原则指导下，构建区域绿色低碳创新效率评估指标体系，基于共同前沿 DEA 模型，对区域绿色低碳创新效率进行系统评估与分解，并与不考虑能源环境约束下的传统创新效率进行比较；从资源配置的视角对区域创新潜力进行深度挖掘，对各投入产出指标的冗余状况进行分析，对区域无效率的原因进行探索；对影响区域绿色低碳创新效率的环境因素进行定量研究，确定各影响因素的影响效应。另外，在定性和定量分析的基础上，提出提高区域绿色低碳创新系统效率的对策建议和保障措施。

三、研究内容与研究方法

（一）研究内容

本书从系统的视角出发，综合运用管理学、能源经济学、计量经济学、系统工程以及可持续发展的理论与方法，构建低碳创新效率评估模型及其影响因素的作用模型，对区域低碳创新效率进行系统分析，提出提高区域低碳创新效率的对策建议和保障措施，为政府制定科技政策提供理论依据和决策参考。

本书的研究内容如下：

（1）解析区域经济发展、科技创新及生态环境的特点及演化规律。

（2）构建区域传统创新效率评估指标体系，基于传统 DEA 方法，对区域传统创新效率进行评估与分解，了解区域综合创新效率、纯技术创新效率与规模效率的静态特征与动态演变规律，探索各区域创新无效率的原因及改进空间。

（3）综合考虑经济和生态因素，构建绿色低碳创新效率评估指标体系，基于包含非期望产出的 SBM 方法对区域绿色低碳创新效率进行评估，了解区域绿色低碳综合创新效率、绿色低碳纯技术创新效率和规模创新效率的静态特征及动态演变规律，对区域绿色低碳创新效率的投入与产出指标的冗余率与不足率进行测算，了解区域绿色低碳创新无效率的原因，挖掘区域绿色低碳创新潜力。

（4）对区域工业企业的传统创新效率与绿色低碳创新效率进行评估，了解区域工业企业绿色低碳创新效率的静态特征及动态演变规律，并对其创新无效率的原因及改进空间进行了探索。

（5）以资源大省山西省为例，对山西省区域整体及工业企业的绿色低碳创新效率进行了深入研究，并针对山西省的特点提出了相应的对策建议。

（6）对区域绿色低碳创新效率的影响因素作用机理进行分析，并运用 Tobit 模型构建区域绿色低碳创新效率影响因素作用模型，对区域整体及工业企业绿色低碳创新效率的影响因素进行实证研究。

（7）基于区域绿色低碳创新效率的定性和定量研究，提出提升区域绿色低碳创新效率的对策建议与保障措施。

（二）研究方法

1. 文献研究法

文献研究法是根据一定的研究目的或课题，通过调查文献来获得资料，从而全面、正确地了解所研究问题的研究方法。本书运用文献研究法对绿色低碳创新效率的概念、理论及表征指标进行梳理和总结，吸收和借鉴国内外的研究成果和方法，确定本书研究的主要内容。

2. 共同前沿分析法

本书的研究对象横跨中国 30 个省域，时间为 2006~2015 年，由于样本期间所面对的宏观经济环境具有较强的同质性，为了避免因生产技术前沿边界的变动而导致不同时点的效率无法准确比较，所以在进行效率评价时，采用了共同前沿分析法，将样本期间各区域全部投入产出数据作为当期参考技术集，在全样本的共同前沿分析框架下进行研究。

3. 数据包络分析法

数据包络分析法是对决策单元进行相对效率评价时常用的方法。它是运筹学、管理科学与数理经济学交叉而产生的一种新方法,是根据多项投入和多项产出指标,利用线性规划的方法,对具有可比性的同类型单位进行相对有效性评价的一种数量分析方法。该法在处理多指标投入和多指标产出方面具有得天独厚的优势。本书在对比分析各种效率的评估方法和模型后,选择数据包络分析法,采用共同前沿 DEA 模型和包含非期望产出的 SBM 模型进行研究。

4. Tobit 分析法

Tobit 分析法是对部分连续分布或离散分布的因变量提出的一个经济计量学模型,属于因变量受限的回归分析法。由于本书的效率值是介于 $0\sim1$ 的数据,属于受限因变量,需要建立截断因变量回归模型。因此,本书在对创新效率的影响因素作用进行测算时采用 Tobit 分析法进行研究。

5. 比较研究法

比较研究法是对物与物或人与人之间的相似性或相异程度进行判断的研究方法,即对两个或两个以上有联系的事物进行考察,寻找其异同,探求其普遍规律与特殊规律的研究方法。本书运用比较研究法,对各区域绿色低碳创新效率及传统创新效率的变化特征和区域差异等方面进行静态和动态比较,进一步挖掘其时空演变规律及变动原因。

四、研究创新与不足之处

(一) 研究创新

本书的创新之处有以下三点:

1. 研究视角的创新

本书从可持续发展的视角对区域绿色低碳创新效率进行全面、系统的评估和比较,分析视角科学和全面。

2. 指标体系的构建

对前人关于绿色低碳创新效率研究的相关文献进行梳理和总结,综合考虑经济因素和生态因素,从创新投入、能源投入、期望产出和非期望产出四个方面构建区域绿色低碳创新效率评估指标体系,该评估指标体系更符合现实中绿色低碳创新活动的实际情况,使研究结果更具说服力。

3. 对区域绿色低碳创新潜力进行测算

运用关于冗余率的相关理论,通过包含非期望产出的 SBM 模型,对区域绿色低碳创新效率的损失率进行分析,给出各区域未来的改进方向和目标。

(二) 不足之处

科技创新是衡量国家可持续发展水平和核心竞争能力的重要尺度,提高科技创新效率是建设创新型国家、实现经济转型的重要保障。区域创新系统是国家创新系统的重要组成部分,区域创新效率是衡量区域创新系统运行状况的重要指标,是区域创新系统在创新方面所取得的成绩和创新的效率。提高创新系统的创新效率是一项复杂的社会系统工程,需要各创新主体的个体努力和协同创新,由于时间和精力的限制,本书只对区域整体和工业企业的创新效率进行了研究,没有对区域创新系统的另外两个重要创新主体——高校和科研机构的创新效率进行系统研究,这是本书的一大遗憾之处。对此,今后将进一步进行深入的探索。

第二章
区域绿色低碳创新研究的理论基础

一、技术创新理论

约瑟夫·熊彼特的《经济发展理论》是创新理论的开创性文献。1912年,熊彼特在此书中首次提出"创新"的概念,后来在他的《经济周期》(1939年)一书中又进一步完善了"创新"的内涵。熊彼特认为,创新必须具备毁灭性或突破性特征,是对旧模式、旧方法、旧创造的破除。具体来说,创新包含五方面的内容:①制造新的产品。制造出尚未为消费者所知晓的新产品。②采用新的生产方法。采用在该产业部门实际上尚未知晓的生产方法。③开辟新的市场。开辟国家和那些特定的产业部门尚未进入过的市场。④获得新的供应商。获得原材料或半成品的新的供应来源。⑤形成新的组织形式。创造或者打破原有垄断的新组织形式。在熊彼特的定义里,创新的概念非常广泛,不仅涉及技术层面,还包括制度、组织及市场。但此时的创新模型将技术创新视为经济发展的外生变量,没有真正考察技术创新的过程。到其后的著作《资本主义、社会主义和民主》一书中，熊彼特进一步发展了创新理论，将技术创新视为重要的内生变量。

自熊彼特提出创新理论以后，许多学者、机构和组织对技术创新进行了研究。研究重点主要包括：对技术创新活动的分类、对技术生命周期理论的研究以及对技术创新过程的识别。如 Utterback（1975）将技术创新活动分为根本性创新与渐进性创新。弗里曼（1982）根据技术创新的性质把技术创新分成基本创新、渐进创新、技术—经济范式的变革和技术体系的变革。1992年，经济合作与发展组织（OECD）在《技术创新统计手册》中指出，技术创新包括产品创新、工艺创新以及产品和工艺方面的显著技术变化。还有研究认为，技术创新包括新技术的实验、新技术的试用、新产品的商业化运作等。

20世纪80年代中期，国内学者开始了对技术创新理论的关注。1989年，由国家自然科学基金资助了第一个技术创新研究课题"我国大中型企业技术创新研究"，拉开了中国技术创新研究的序幕（雷家骕，2007）。此后，伴随中国对外开放的日益扩大和企业技术创新实践的日益活跃，研究活动更加系统和深化，大家对技术创新的认识也基本达成共识。学者普遍认为，技术创新是一个从新思想的产生，到产品设计、试制、生产、营销和市场化的一系列活动，是知识的创造、流通和应用的过程，其实质是新技术的产生和商业化应用。

区域技术创新是区域各种可提高资源配置效率的创新活动，是区域经济增长的根本动力。区域技术创新能力的高低直接影响一个区域经济实力的强弱。绿色经济和低碳经济不同于传统的经济发展模式，需要通过技术创新来实现经济发展的低消耗、低污染和低排放。在区域经济实行绿色和低碳发展的过程中，技术创新至关重要，区域绿色低碳创新活动离不开技术创新理论的指导。

二、效率理论

古典经济学时期，亚当·斯密在《国富论》中阐述了两个经典效率理论，分别是分工效率理论与竞争效率理论。他指出，财富的积累与实现主要通过两种途径实现，一是提高工人的劳动生产率，这主要依靠合理的分工；二是增加劳动数量，延长劳动时间，这主要依靠增加资本。此外，亚当·斯密提出的"天赋自由与竞争体系"可以最大化使用资源，一方面淘汰生产效率低的企业；另一方面产生"自然价格"，使消费者从中获益，这就是"竞争效率"。

新古典经济学派继承了亚当·斯密的思想，认为完全竞争市场可以使资源配置效率达到最优，并依据不同的分析方法发展成了两个不同的分支，一个是以马歇尔为代表的建立在供求局部均衡分析基础上的配置效率理论，另一个是以帕累托为代表的采用瓦尔拉斯总体均衡分析方法的帕累托效率理论。配置效率理论的基本思想是：假设全部企业的供给函数进行相加得到的总和为市场供给函数，需求函数就是消费者边际效用函数，供给与需求相等时的价格就是边际成本，以此实现资源配置最优。帕累托效率理论的基本思想是：假定固有的一群人和可分配的资源从一种分配状态到另一种状态的变化中，在没有使任何人境况变坏的前提下，使至少一个人变得更好。新制度经济学家为了进一步研究效率的影响因素，引入了产权和交易费用等概念。他们认为，企业生产是在生产前沿面以内，可能会处于低效率状态而无法达到最优产量。信息不对称而造成的交易费用会造成资源配置的低效率，从而使企业长期处于低效率。

1957年，经济学家Farrel在《生产效率度量》中提出了"技术效率"概念，并将其定义为"按照一定的要素投入比，在既定的技术与价格条件下,生产一定量产品所需的最低成本与实际生产成本的比例"。Farrel 认为,经济效率由技术效率和配置效率组合而成,这两者的乘积构成了某一生产单位、地区或行业的经济效率。其中,技术效率是在既定要素投入水平下实现产出最大化,而配置效率则是在既定价格和技术水平条件下使各项要素投入比例达到合理化。

(一) 生产前沿面

生产前沿面是指一定投入下的最优产出集合或产出一定下最小投入的集合所构成的边界。所有投入与产出的可靠集合构成了生产可能集。定义生产可能集如下:

$$S = \{(x, q): x 能生产出 q\} \quad (2-1)$$

其中,x 为投入要素向量,q 为产出要素向量,s 由所有的投入产出集合 (x, q) 构成。

定义产出集如下:

$$P(x) = \{q: x 能生产出 q\} = \{q: (x, q) \in S\} \quad (2-2)$$

定义投入集如下:

$$L(q) = \{x: x 能生产出 q\} = \{x: (x, q) \in S\} \quad (2-3)$$

产出及投入集合定义了两种不同的前沿面确定模式,即产出导向模式和投入导向模式。产出导向模式是在投入量固定的前提下对产出进行控制以到达效率前沿面的模式;投入导向模式是在产出量固定的前提下对投入进行控制以到达效率前沿面的模式。在确定了生产可行集之后,生产集中的状态点,即投入最小或产出最大的集合点所构成的曲面即为生产前沿面。处于生产前沿面上的点为技术有效点,即在既定投入下产出达到了最大化或者在既定产出下投入实现了最小化。实际点只能位于前沿面下方或前沿面上,不可能位于前沿面上方,位于其下方的点为技术无效点。单一投入和单一产出条件下的生产前沿面如图 2-1 所示。

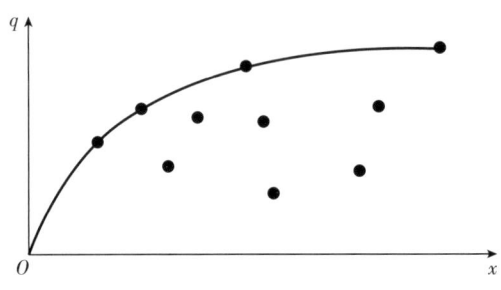

图 2-1 生产前沿面

图 2-1 中的所有点组成了生产可能集,生产前沿面则由生产可能集外围点的一条线组成,其他点位于这条线的下方,为技术无效点,其无效程度可以用该点与前沿面之间的距离来衡量,距离越大,无效程度越高。

(二) 距离函数

距离函数是一个测算决策点的效率程度的有效工具,由 Malmquist (1953) 和 Shephard (1953) 各自独立提出,其优点是不必假设成本最小化或利润最大化等行为目的即可对多产出和多投入下的生产技术进行描述。距离函数可分为产出距离函数和投入距离函数。产出距离函数关注投入既定条件下产出的扩张比例,而投入距离函数则关注产出既定的条件下投入的缩减比例。产出距离函数可定义如下:

$$d_0(x, q) = \min\{\delta: (q/\delta) \in P(x)\} \tag{2-4}$$

投入函数可定义如下:

$$d_i(x, q) = \max\{\rho: (x/\rho) \in L(q)\} \tag{2-5}$$

其中,δ 为达到生产前沿面过程中实际产出与可能产出的比率,ρ 为达到生产前沿面过程中实际投入与可能投入的比率。可见,产出或投入距离函数即为实际产出与最大产出或者实际投入与最小投入的比值。图 2-2 和图 2-3 分别为产出距离函数图和投入距离函数图。

在图 2-2 中,A 为产出集内的一点,B、C 位于生产前沿面上,产出

距离函数值 $\delta = OA/OB$。前沿面上的点 B、C 的产出距离函数值均为1。

在图2-3中，A 点位于投入集内，B、C 位于生产前沿面上，投入距离函数值 $\rho = OA/OB$。B、C 的投入距离函数值也均为1。

产出与投入距离函数反映了在既定投入下产出可以扩大或在既定产出水平下投入可以缩减的程度。产出距离函数越小，产出可扩大的程度越高；反之越低。投入距离函数越小，投入可缩减的程度就越低；反之越高。在规模报酬不变的条件下，产出距离函数与投入距离函数互为倒数，即

$$d_0(x, q) = 1/d_i(x, q) \tag{2-6}$$

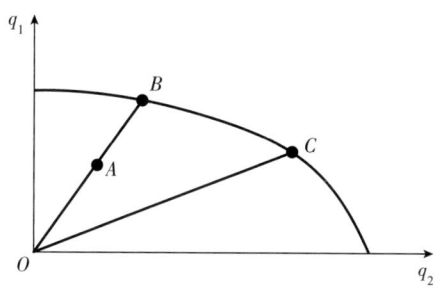

图2-2 产出距离函数

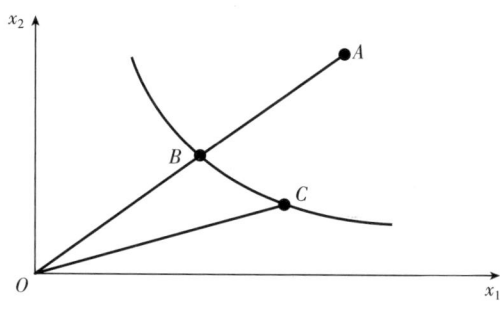

图2-3 投入距离函数

(三) 效率测度

在投入导向模式下,决策单元的技术效率(TE)可用式(2-7)来进行测度:

$$TE = 1/d_i(x, q) \qquad (2-7)$$

在投入导向模式下,决策单元的技术效率等于投入距离函数的倒数,也就是图2-3中的 OA/OB,表示在一定产出水平下最小化投入水平的能力。

在产出导向模式下,决策单元的技术效率(TE)可用式(2-8)来进行测度:

$$TE = d_0(x, q) \qquad (2-8)$$

在产出导向模式下,决策单元的技术效率等于产出距离函数值,即图2-2中的 OB/OA,表示在一定投入水平下最大化产出水平的能力。

从以上分析可知,位于前沿面上的点的技术效率为1,表示技术有效,其余点的技术效率在(0,1)之间,表示存在技术无效率。在动态情况下,图2-2和图2-3中的 A 点向前沿面的靠近,表明技术效率的提高,而投入导向模式下前沿面的向内移动或产出导向模式下前沿面的向外移动,说明了技术的进步。

三、低碳创新理论

(一) 低碳经济概述

1. 低碳经济的提出

低碳经济的正式提法最早见于2003年英国首相布莱尔发表的《我们

未来的能源——创建低碳经济白皮书》，书中指出，为了在达到更好的生态环境的同时提高经济产出水平，我们需要尽量地减少自然资源消耗和环境污染；低碳经济的主要目的是通过低碳生产与低碳消费，实现更高的生活标准。低碳经济的提出并不是偶然的，它与前期长达23年之久的《联合国气候变化框架公约》与随后的《京都议定书》的制定与实施有着密切的关系。低碳经济的提出标志着全世界进入了一个以建设低碳生产生活方式、减少环境污染、营造更好生活的时代。因此，低碳经济的概念一经提出便得到各国政府、学术界以及企业界的响应。Johnston等探讨了英国大量减少住房二氧化碳排放的技术可行性，认为凭借现有技术到21世纪中期实现在1990年基础上减排80%是可能的，据此给出了《能源白皮书》所设目标实现可能性的合理解释。前世界银行首席经济学家Nicolars从经济学角度对气候变化问题进行了重新审视，评估了气候变化背景下全球发展低碳经济的必要性与可行性，呼吁世界各国向低碳经济转型。2007年，美国参议院提出了《低碳经济法案》。2009年，美国众议院通过的《清洁能源与安全法案》规划了美国低碳经济的发展途径和具体措施。随后，许多国家相继制定了各自的低碳经济发展规划。2009年，中国国家主席胡锦涛在亚太经合组织第15次领导人峰会上明确提出"发展低碳经济"的主张。2009年11月，国务院常务会议决定，到2020年单位GDP碳排放比2005年下降40%~45%，并作为约束性指标纳入国民经济和社会发展中长期规划；"十三五"规划纲要进一步明确提出了"十三五"期间单位GDP碳排放降低17%的阶段性目标。

2. 低碳经济的内涵

对于低碳经济的内涵，国内外至今尚没有严格的统一定义。狭义地说，低碳经济是在生产过程和消费过程中以降低二氧化碳排放为特征的经济运行模式。广义来看，低碳经济是指在可持续发展理念指导下，通过产业转型、技术创新、新能源开发、制度创新等多种手段，尽可能地减少煤炭、石油等高碳能源消耗，减少温室气体排放，以缓解能源危机，改善生态环境，促进人与自然和谐统一，达到经济社会发展与生态环境保护双赢的一种经济发展形态。英国环境专家鲁宾斯德认为，低碳经济是一种正在兴起的经济模式，其核心是在市场机制基础上，通过制度框架和政策措施的制定和创新，推动提高能效技术、节约能源技术、可再生能源技术和温室气体减排技术的开发和运用，促进整个社会经济朝向高能效、低能耗和低碳排放的模式转型。2009年，中国环境与发展国际合作委员会发布的《中国发展低碳经济途径研究》将低碳经济界定为："一个新的经济、技术和社会体系，与传统经济体系相比在生产和消费中能够节省能源，减少温室气体排放，同时还能保持经济和社会发展势头。"

总而言之，低碳经济是一种全新的经济增长模式，是一种通过能源效率的提高、清洁能源的开发来实现以"低能耗、低污染、低排放"为特征的经济发展模式。低碳经济的目标是减缓气候变化和促进人类的可持续发展，实现高效能、高产出、低排放和低能耗。低碳经济的实质是能源的高效利用、清洁能源的开发和追求绿色GDP。低碳经济的核心是能源技术和减排技术创新、产业结构优化和制度创新。

（二）低碳创新的内涵

低碳经济的提出，既有时代性特征也有必然性导向，表明资源的过度开采、环境的肆意破坏为代价的经济发展时代已经过去，环境保护、循环发展与能源持续利用已经成为全世界的共识。随着全球雾霾问题的凸显和低碳理念的贯彻，传统意义上的单纯以提高经济效益和生产效率为着眼点的创新理论与创新实践已不能满足企业对经济、社会、环境全面发展的需要，在这种情形下，以绿色和可持续为发展目标的低碳创新理论应运而生。

国内外学者关于低碳创新的研究主要集中在低碳创新系统和低碳技术创新方面。Hekkert等（2007）在撰写的 *Perceived Uncertainties Regarding Socio-technological Transformations：Towards a Framework* 一文中指出："技术创新系统框架中关键因素的发展为驱动或阻止低碳技术起到了洞察力的作用，为了理解低碳技术的发展与扩散，有必要在创新系统的动力学研究中建立更多的观察对象。"区域低碳创新系统是落在区域层面以低碳技术创新为主的创新活动。区域低碳创新的主体由各类企业、科研机构、高等院校、政府、金融机构和中介服务机构等共同组成。在一个特定区域中，参与主体结合相关制度与机制，形成了低碳创新的网络体系。为实现低碳生活与可持续发展的要求，系统内部需要实现经济发展与节能减排的共同作用。低碳创新是在低碳经济背景下衍生出来的，以减少环境依赖、促进环境保护、控制尾端废气排放为目标，以绿色、循环、节能、减排、节约为创新理念的一种创新模式，包括技术应用优化、管理流程精简和产品周期精益，是区域各个创新层面和创新内容的有机整合。低碳创新不仅是一种技术创新或系统性的组织和管理层面创新，其实质是追求减少污染排放和避免环境损害而对产品和服务进行新工艺、新技术、新系统的引进和改良。

不同经济发展方式需要相对应的技术创新作为支撑。从高碳模式向低碳模式的发展方式转变，要求技术创新从仅考虑经济效益的传统模式向既注重经济效益也关注碳效益的低碳创新模式转变。高碳经济向低碳经济发展转变的关键在于"低碳创新"。低碳创新是低碳经济发展的源泉和动力，也是碳约束性下实现中国经济持续增长的必然选择。本书的研究就是在低碳创新理论的指导下进行的。

四、可持续发展理论

目前，从全球来看，人类的生态足迹已经超出地球承载能力的20%，世界在加速耗竭自然资源的存量。世界人口膨胀、能源资源短缺、生态环境恶化、发展的非理性选择、社会的矛盾加剧、国际间的不公正等仍在加剧，这些都要求人类在文明的基础上继续深化理性的发展之路，可持续发展就是这条道路的唯一选择。可持续发展的思想产生及形成涉及社会与环境两大领域或系统,社会领域主要有人类经济、技术、文化、道德、伦理等;环境领域主要有生物、资源、环境和生态等。可持续发展的实现过程就是平衡社会进步与环境稳定及进化之间的关系。

(一) 可持续发展的提出

1972年6月,联合国在瑞典首都斯德哥尔摩召开人类环境会议,来自113个国家的1300多名代表首次聚集在一起讨论地球的环境问题。大会通过了《联合国人类环境宣言》。宣言指出:"在发展中国家,环境问题大多是由于发展不足造成的,发展中国家必须致力于发展,牢记它们的优先任务,保护和改善环境。"这是联合国组织首次把环境问题与发展问题联系起来,第一次明确提出发展中国家要在发展中解决环境问题,表明人类已经开始意识到应当确定干些什么,使地球不仅现在成为适合人类生活的场所,而且将来也适合子孙后代居住。1980年,世界自然保护同盟和许多国家的政府、专家共同制定了《世界自然保护大纲》,提出应该把资源保护和人类发展统一起来考虑,第一次较明确地表述了既要发展又要保护的思想。1983年,联合国第38届大会通过决议成立世界环境与发展委员会,着手制定"全球的变革日程",开始研究到2000年乃至更远时期实现持续发展的长期环境对策问题。1987年,世界环境与发展委员会向联合国提交了一份经过三年多艰苦努力完成的研究报告《我们共同的未来》,被认为是建立可持续发展概念的起点。报告指出:"我们需要一个新的发展途径,一个能持续人类进步的途径,我们寻求的不仅仅是在几个地方几年内的发展,而是在整个地球遥远将来的发展。"说明国际社会正在考虑一种新的发展思路——可持续发展。1989年12月22日,联合国大会通过决议,决定召开环境与发展全球首脑会议;1990年,联合国组织起草世界环境与发展大会主要文件《21世纪议程》;1992年6月,联合国在里约热内卢召开世界环境与发展大会,102个国家首脑共同签署了《21世纪议程》,发表里约宣言,接受了可持续发展的理念与行动。至此,可持续发展的理念成为整个人类的共识。《里约宣言：21世纪议程》充分体现了当今人类社会关于可持续发展的新思想，反映了环境与发展领域开展的全球共识和最高级别的政治承诺，表明人类的发展观点和发展思想发生了深刻改变，标志着人类文明步入一个可以被称为"环境文明的新的历史时代"。

1994年3月，中国政府公布了《中国21世纪议程——中国21世纪人口、环境与发展白皮书》。该议程是中国可持续发展战略的行动纲领，是中国制定国民经济和社会发展中长期计划的指导性文件，由可持续发展总体战略、社会可持续发展、经济可持续发展、资源与环境的合理利用与保护四大部分构成。

（二）可持续发展的内涵

与其他理论的发展一样，对可持续发展概念的界定也形成了不同的流派，这些流派从不同属性对可持续发展进行了界定，归纳起来主要有以下几类：一是从自然属性来定义可持续发展。1991年，国际生态学协会和国际生物科学联合会联合举行关于可持续发展问题的专题研讨会，将可持续发展定义为：保护和加强环境系统的生产和更新能力。二是从社会属性定义可持续发展。1991年，世界自然保护同盟、联合国环境规划署和世界野生生物基金会共同发表了《保护地球——可持续生存战略》，对可持续发展的定义是：在生存于不超出维持生态系统涵容能力的情况下，提高人类的生活质量。三是从经济属性定义可持续发展。在《经济、自然、资源不足和发展》一书中，作者Edward B. Barbier指出，可持续发展就是在保持自然资源的质量和其所提供服务的前提下，使经济发展的净利益增加到最大限度。还有的学者提出，可持续发展是"今天的资源使用不应减少未来的实际收入"。四是从科技属性定义可持续发展。有的学者从技术选择的角度对可持续发展进行了定义，认为可持续发展就是转向更清洁、更有效的技术，尽可能接近零排放或密闭式工艺方法，尽可能减少能源和其他自然资源的消耗。还有的学者提出，可持续发展就是建立极少产生废料和污染物的工艺或技术系统。五是被国际社会普遍接受的布氏定义。1987年，布伦特兰夫人主持的世界环境与发展委员会，对可持续发展给出的定义是，可持续发展是指既满足当代人的需要，又不损害后代人满足需要的能力的发展。1991年2月举行的第15届联合国环境署理事会期间，经过反复磋商，通过了《关于可持续发展的声明》，对可持续的发展作了如下定义：可持续发展是满足当前需要，且不削减或牺牲子孙后代满足其需要能力的发展。其基本内容包括社会结构、经济增长、自然资源、生态环境、国家主权等。这一定义得到全球范围的共识。

中国学者牛文元（2012）认为，可持续发展理论的外部响应，表现在对于人与自然之间关系的认识：人的生存和发展离不开各类物质与能量的保证，离不开环境容量和生态服务的供给，离不开自然演化进程所带来的挑战和压力，如果没有人与自然之间的协同进化，人类社会就无法延续。可持续发展理论的内部响应，表现在对于人与人之间关系的认识：可持续发展作为人类文明进程的一个新阶段，其核心内容包括对于社会的有序程度、组织水平、理性认知与社会和谐的推进能力以及对于社会中各类关系的处理能力，诸如当代人与后代人的关系、本地区和其他地区乃至全球之间的关系，必须在和衷共济、和平发展的氛围中，才能求得整体的可持续进步。

综上所述，可持续发展是一个涉及社会、经济、科技和生态环境的综合概念，它以经济增长为核心，以社会进步为标志，以资源和环境保护为前提，以科学技术发展为动力，以谋求当代人与后代人共同繁荣、持续发展为目的。在发展指标上，不单纯用国民生产总值作为衡量发展的唯一指标，而是用社会、经济、文化、环境等多项指标来衡量。可持续发展是人们对漫长的社会发展过程进行痛苦的反思后提出的一种全新的发展思想和发展战略，它是人类关于社会发展问题在观念和认识上的一次飞跃。这种发展观较好地把眼前利益与长远利益、局部利益与全局利益有机地统一起来，使经济能够沿着健康的轨道发展。

第三章
区域绿色低碳创新现状

一、科技创新

(一) 经济发展现状

经过 40 多年的改革开放,中国经济取得了令世界瞩目的成绩。据《中国统计年鉴》的数据,2006~2015 年,中国 30 个省区市(西藏及港澳台地区由于统计数据不全,暂不予考虑)的经济发展规模和发展速度均呈现出快速增长的趋势。图 3-1 为中国各省区市 GDP 的均值及年均增长率比较,从中可以看出,30 个地区的 GDP 都呈稳定增长趋势,年均增长率最高的为天津,年增长率为 10.55%,最低为北京,为 5.83%,30 个地区的平均年增长率为 7.72%。说明 10 年来各地区的经济发展均取得了显著成效。但从中也可以看出,各地区的经济发展规模和速度均呈现出明显的差异性,不平衡现象显著。从 GDP 的均值来看,10 年中,最高的为广东,达 34190.45 亿元,最低的为宁夏,只有 879.69 亿元,说明区各省区市间存在较严重的两极分化现象。从变异系数来看，各省区市间的变异系数达 0.78，说明各省区市经济发展存在严重的不平衡问题。

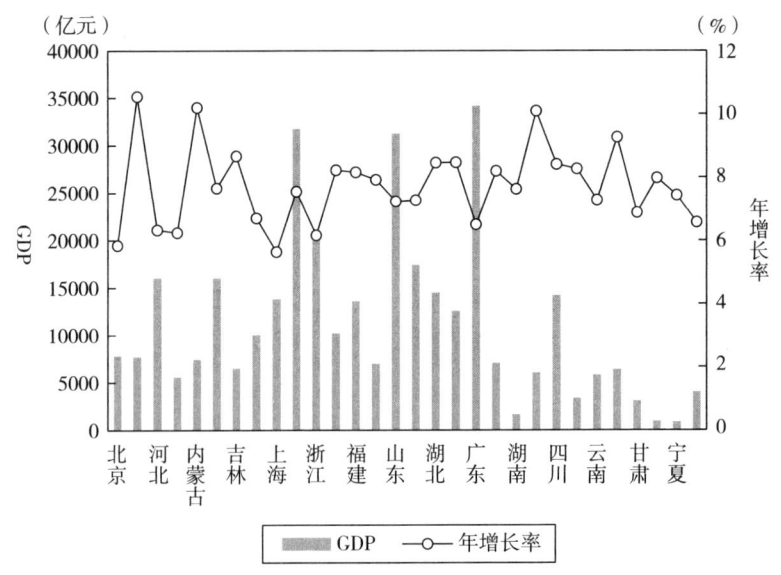

图 3-1　中国各省区市 GDP 的均值及年均增长率比较

为了清楚地呈现东、中、西部三大地区的经济发展趋势，本书对 2006~2015 年三大地区的经济发展规模进行了比较。东、中、西部的划分采用常规的三区域划分法，即东部包括北京、天津、河北、辽宁、上海、江苏、浙江、福建、山东、广东、海南 11 个省市，中部包括黑龙江、吉林、山西、安徽、江西、河南、湖北、湖南 8 个省，西部包括四川、重庆、贵州、云南、陕西、甘肃、青海、宁夏、新疆、广西、内蒙古 11 个省区市。图 3-2 为 2006~2015 年全国及东、中、西部三大地区 GDP 变动趋势，从中可以看出，10 年中，全国及东、中、西部 GDP 均呈稳定增长趋势。三大地区呈从东到西依次递减的梯度发展格局，东部始终处于最高水平，远高于全国平均水平，中部略低于全国平均水平，西部最低，远低于全国平均水平。10 年中，这种东高西低的格局始终没有改变过。但从增长率来看,西部增长最快,中部次之,东部最慢。说明中、西部的经济发展具有一定的追赶效应,但是,这种效应还是有限的,在短期内还难以改变东高西低的格局。

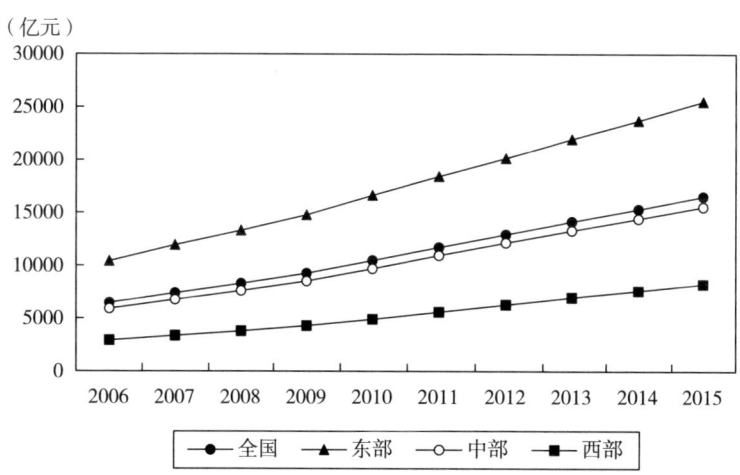

图 3-2 2006~2015 年全国及东、中、西部三大地区 GDP 变动趋势

(二) 科技创新现状

近年来,各省区市深入贯彻落实党中央、国务院关于实施创新驱动发展战略的重要精神,大力推进科技创新,创新投入大幅提高,创新产出也均处于上升趋势,科技创新已成为经济社会发展的重要驱动力。从投入产出来看,10 年来,科技创新呈现出如下特点:

1. 创新投入持续增加

根据《中国科技统计年鉴》的统计数据显示,2006~2015 年,中国各省区市研发人才队伍不断壮大,研发实力不断增强。图 3-3 为 2006~2015 年中国各省区市创新投入均值比较,从中可以看出,2006 年,各省区市 R&D 人员全时当量达 150.15 万人年,2015 年增加到 375.77 万人年,增长了 1.5 倍;研发投入也不断提高,2006 年 R&D 经费内部支出约

3002.61亿元，2015年增加到14166.75亿元，增长了3.72倍。这10年中，企业的科技创新投入也呈不断上升趋势。2006~2015年，规上企业R&D人员全时当量从69.57万人年增加到263.82万人年，增长了2.79倍；R&D经费内部支出从1630.18亿元增加到10013.69亿元，增长了5.14倍。

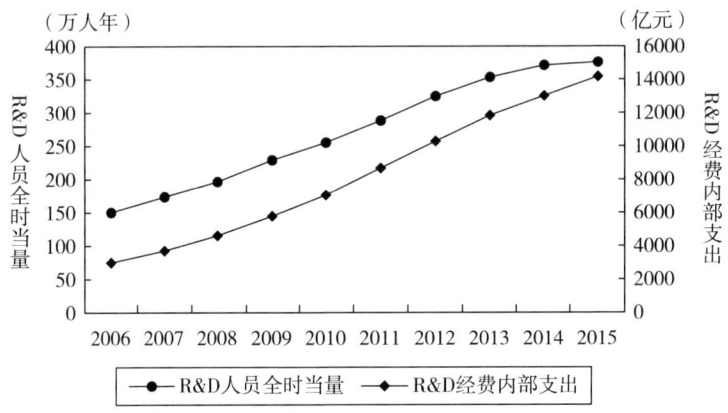

图3-3　2006~2015年中国各省区市创新投入均值比较

图3-4为2006~2015年中国与世界发达国家R&D经费投入强度比较，从中可以看出，经过10年的发展，中国的R&D经费投入有了较大幅度提高，与发达国家之间的差距也在逐步缩小，但是与美国、日本、法国和德国相比，仍然存在一定差距，研发经费投入仍然有待进一步增强。2006年，中国R&D经费投入强度为1.37%，而美国、日本、法国和德国分别为2.55%、3.41%、2.05%和2.46%，2015年，中国R&D经费投入强度为2.06%，美国、日本、法国和德国分别为2.79%、3.49%、2.23%和2.87%。另外，发达国家大部分的研发经费是通过民间融资的方式来筹集的，如日本研发经费占GDP的比重为3.67%，其中的70%由民间企业承担，比例高于美国、德国、英国等发达国家（王珍珍，2018）。而据统计，2011年，中国国有企业的研发经费占当年总产值比重达

4.63%,而非国有企业只有1.51%(王珍珍,2018)。可见,中国政府在加大创新投入的同时,还应构建多元化的投融资体系。党的十九大提出了到2050年建成世界科技强国的宏伟目标,要实现这一宏伟目标,必须继续加大科技创新投入,优化科技创新环境,同时还要积极引进民间投资。只有解决好创新投入不足问题,才能在科技创新方面走在世界前列。

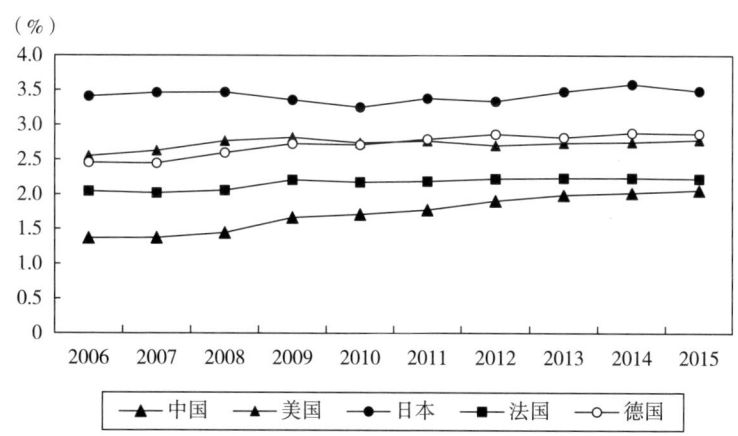

图3-4 2006~2015年中国与世界发达国家R&D经费投入强度比较

2. 创新产出不断提高

图3-5为2006~2015年中国各省区市科技创新产出变动趋势,从中可以看出,10年中,创新产出稳步提升。2015年,在三大检索系统收录的科技论文数达506610篇,比2006年的171649篇增长了约1.95倍;2015年发明专利授权数达256360件,比2006年的22229件增长了10.53倍。规上企业有效发明专利数从29176件增加到573675件,增长了18.66倍;规上企业新产品销售收入150850.90亿元,比2006年的31234亿元增长了3.83倍。

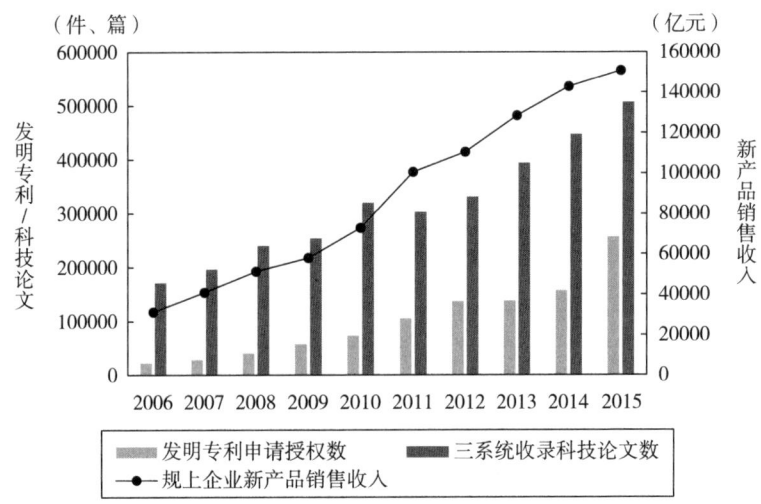

图 3-5　2006~2015 年中国各省区市科技创新产出变动趋势

3. 区域创新不平衡问题严重

虽然从整体上看，区域创新投入与产出均显著提高，但分省区市域来看，各地域发展还存在较严重的不平衡问题和两极分化现象。《中国区域创新能力评价报告 2017》指出，中国区域创新呈"三跑并存"的态势，东、中、西部地区呈梯次下降的格局，东部领先区域的创新投入明显高于中、西部欠发达地区，中、西部地区创新投入明显不足，地区差异非常显著，各区域的创新实力、创新潜力和创新效率的差异也较大，且区域创新能力发展不平衡性对区域协调发展提出了巨大挑战。

图 3-6 为 2006~2015 年中国各省区市创新投入均值比较，从中可以看出，2006~2015 年，各省区市 R&D 创新投入呈现出显著的差异性。R&D 人员投入最高的为广东，达 362713.06 人年，最低的为青海，只有 4117.97 万元；R&D 经费内部支出最高的为江苏，达 10211949.66 万元，最低的为海南，只有 93670.62 万元。同样，各省区市 R&D 投入强度也存在较大的失衡，最高的为北京，达 5.65%，最低的为海南，只有 0.36%。

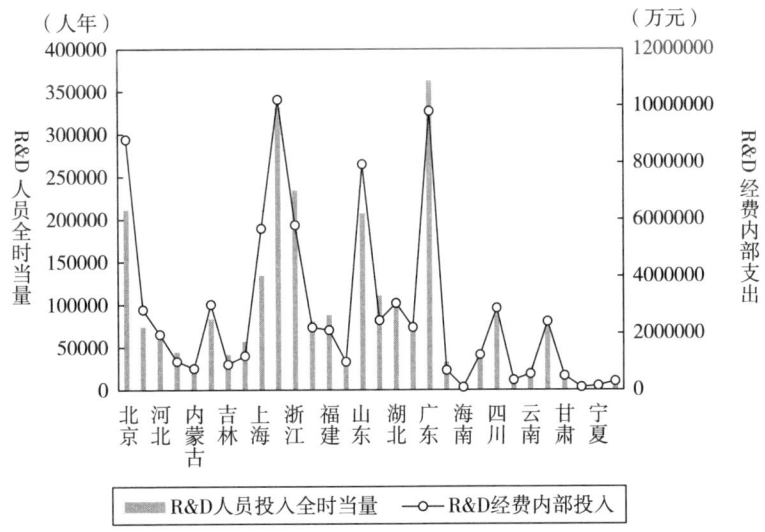

图 3－6 2006～2015 年中国各省区市创新投入均值比较

投入的不均衡主要源于区域经济发展实力问题，经济实力较强的区域，创新投入相对较高，但是，较高的投入是否能得到较高的产出则与区域的技术水平和地方政府的资源配置能力有较大关系。图 3－7 为 2006～2015 年中国各省区市创新产出均值比较，从中可以看出，10 年中，各区域 R&D 创新产出与创新投入一样，也呈现出显著的差异性。国外三系统收录的科技论文数最高的为北京，达 60153.4 篇，最低的为青海，只有 163.3 篇；发明专利授权数最高的为广东，达 15503.7 件，最低的为青海，只有 73.6 件；新产品销售收入最高的为江苏，达 131945.18 万元，最低的为海南，只有 25.92 万元。由此可以看出，由于各省区市的资源禀赋、技术条件和管理水平的不同，产出优势也不尽相同。如北京的经济和科技基础较好，教育资源丰富且高等教育发达，它的优势是其丰富的科技资源与人力资源所带来的强大的知识创造能力，所以科技论文位居第一；广东的对外开放程度较高，外贸经济发达，市场活力较好，创新创业活动活跃，所以发明专利位居第一；江苏具有良好的创新氛围、宽松的创新环境及长三角经济体的联动发展，研发投入较高，企业创新动力足，所以新产品销售收入位居第一。

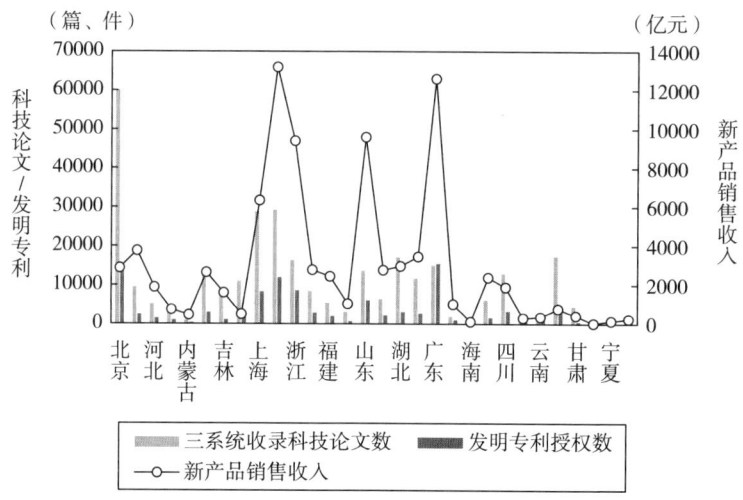

图 3-7 2006~2015 年中国各省区市创新产出均值比较

区域协调发展问题是一项长期而艰巨的任务,任重而道远,解决区域创新能力的不平衡问题是实现区域协调发展的关键,而创新能力的不平衡与各区域经济实力、技术水平、创新投入和创新效率的差异有密切关系。

二、绿色低碳发展

改革开放 40 年来,随着经济的快速增长,中国的生态环境问题日显突出,环境污染日益严重,碳排放总量逐年增加。随着工业化和城市化进程的推进,能源消费、环境污染及碳排放量将持续增加,深入探究区域绿色低碳发展现状,对区域绿色低碳转型和发展具有重大现实意义。

（一）环境污染现状

生态环境是人类赖以生存和发展的基础，它直接影响国家经济的发展和人民生活水平的提高。虽然人类创造了丰富的物质文明，但是随着经济全球化和工业化的不断深入，人类对环境的干预能力越来越强，能源消耗和废弃物排放不断增加，导致环境污染越来越严重。但是，生态环境容量是有限的，若过度使用，则会反过来制约经济社会的发展。本书利用《中国统计年鉴》中提供的废气、废水、固体废弃物的排放量指标对中国各省区市环境污染指数进行了测算和比较。

1. 环境污染指数测算

环境污染指数是一个综合指数，国内学者对环境污染指数的测度主要采用层次分析法进行，本书采用熵权法进行计算。相对于主观赋权的层次分析法，熵权法是一种客观赋权法，它能根据各指标的变异程度、利用信息熵计算出研究对象各指标的熵值和熵权，能将原本不可比的多种属性以熵为权重计算出综合得分，其权重的确定是依据数学计算的结果来确定，能避免人为赋权带来的主观性和偏差，多用于多属性多标准问题的比较。为了全面考察区域环境污染的状况，在对区域环境污染指数进行测度时，本书选择区域废水、废气和固体废物的排放量数据，采用熵权法来测定各指标的权重和区域环境污染指数。具体测算步骤如下：

首先，对原始数据进行标准化处理。收集各区域废水排放总量、废气排放总量及固体废弃物排放总量原始数据 x_{ik}（i 表示污染物指标，k 表示区域，$i=1, 2, \cdots, m$；$k=1, 2, \cdots, n$），由于原始数据具有不同的量纲，分析之前必须对其进行标准化处理，消除其对分析结果的影响，公式如下：

$$y_{ik} = \frac{x_{ik} - \min_i(x_{ik})}{\max_i(x_{ik}) - \min_i(x_{ik})} \quad (3-1)$$

其次，利用式（3-2）对标准化矩阵进行归一化处理。

$$p_{ik} = \frac{y_{ik}}{\sum_{k=1}^{n} y_{ik}} \qquad (3-2)$$

再次，分别利用式（3-3）和式（3-4）计算各指标的熵值 h_i 和熵权 w_i。

第 i 项评价指标的熵值计算公式如下：

$$h_i = -\frac{1}{\ln n}\sum_{k=1}^{n} p_{ik}\ln p_{ik}, 0 < p_{ik} \leqslant 1 \qquad (3-3)$$

其中，若 $p_{ik} = 0$，则 $h_i = 0$。

第 i 项指标的熵权的计算公式如下：

$$w_i = \frac{1-h_i}{m - \sum_{i=1}^{m} h_i} \qquad (3-4)$$

最后，根据式（3-5）计算各区域的环境污染指数，如下：

$$epi_k = \sum_{i=1}^{m} w_i p_{ik} \qquad (3-5)$$

2. 结果分析

图3-8为2006~2015年各省区市环境污染指数均值比较，从中可以看出，各省区市环境污染状况具有显著的异质性，环境污染名列前5的有河北、山东、江苏、广东和辽宁，均为东部发达地区省份，由于这些地区经济比较发达，而且工业分布比较集中，人口密集，污染物排放较多，所以环境污染指数较大。

图3-9为2006~2015年全国及东、中、西部三大地区环境污染指数均值比较，从中可以看出，10年中，东、中、西部的环境污染指数始终呈从东到西依次递减的格局，与区域经济发展相吻合。由于东部地区经济发展较快，工业基础雄厚，人口密度相对较大，重工业、高科技产业等在此集聚，在经济增长的同时不可避免地带来了较大的环境污染。而中、西部由于经济发展较慢，污染物排放相对较少，所以环境污染指数较小。值得注意的是，东部地区10年来的环境污染指数处于下降的趋势，而中、西部地区则呈现上升趋势。原因是东部地区在经济、科技得到提高的同时，正

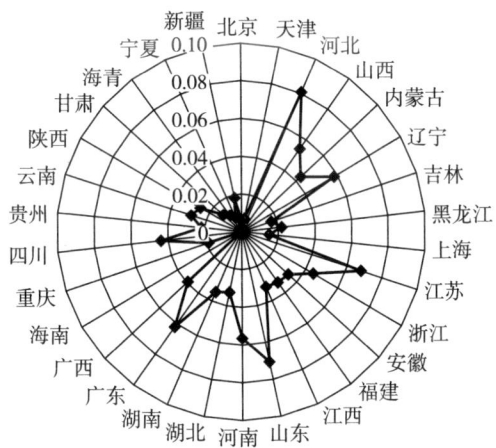

图 3-8 2006~2015 年各省区市环境污染指数均值比较

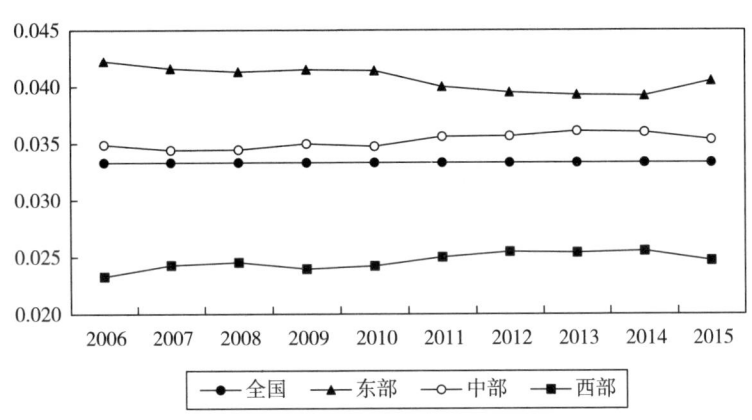

图 3-9 2006~2015 年全国及东、中、西部三大地区环境污染指数均值比较

逐渐向绿色、低碳发展转型,对环境污染的治理意识和力度都大大增强,且有经济能力来治理污染。反观中、西部,由于国家"中部崛起"、"西部大开发"等政策的调整,中、西部地区正在加快发展的步伐,第二产业、第三产业蓬勃发展,但是在发展的同时也带来了环境的污染和破坏。由此可见,区域环境污染指数与经济发展密切相关,在提高经济发展水平时,

一定要加强环境污染的监测与监管,不能一味地追求经济发展速度。

图3-10为2006~2015年全国及东、中、西部三大地区环境污染指数变异系数比较,从中可以看出,东、中、西部三大地区内部各省域间也存在一定的差异,东部各区域间的差异最大,其变异系数高于全国平均水平,中部差异最小,远低于全国平均水平,西部居于东部和中部之间,只有个别年份略高于全国平均水平,基本处于全国平均水平之下,东部和中部地区内部各区域间的变异系数有增大的趋势,西部和三大地区间均有缩小的趋势。值得注意的是,三大地区间的变异系数较小,均在0.3以下,且有收敛趋势,说明东、中、西部之间总体上的差异正在缩小。

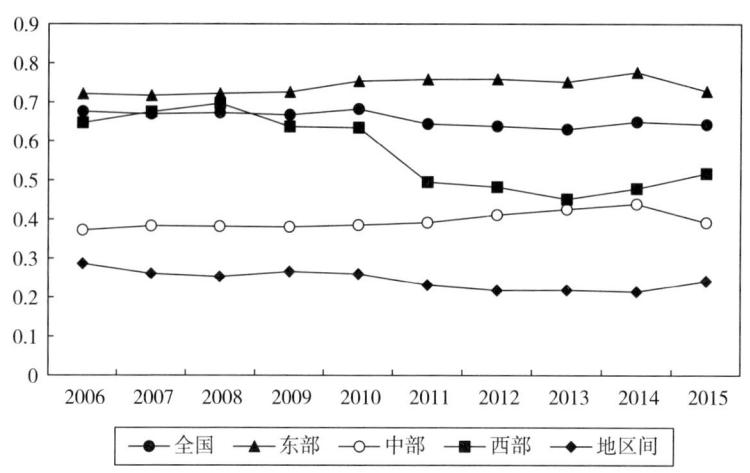

图3-10 2006~2015年全国及东、中、西部三大地区环境污染指数变异系数比较

(二) 碳排放现状

全球气候变暖是人类面临的重大环境问题之一,它已经成为影响世界经济秩序、政治格局的重要因素。全球气候变暖与碳排放有密切的关系。根据美国能源信息管理局 (U. S. Energy Information Administration, EIA) 官方网站公布的数据显示,自2006年起,中国碳排放总量一举超越美国,

成为世界上碳排放量最大的国家,且碳排放强度指标同样高居全球首位。科学测算各区域的碳排放总量及强度,对区域挖掘节能减排潜力具有重要现实意义。

1. 碳排放总量的测算

碳排放是关于温室气体排放的一个总称或简称,由于温室气体中最主要的气体是二氧化碳,因此,"用碳"一词作为代表。碳排放不仅由燃料燃烧产生,人口的增加、经济的增长等都是导致碳排放增加的主要原因。碳排放的数据在中国国内尚未公开发布,需要进行计算,本书根据联合国政府间气候变化专门委员会(IPCC)2006年版的碳排放测算方法,选取《中国能源统计年鉴》中各地区能源平衡表中九类能源(煤炭、焦炭、柴油、汽油、燃料油、煤油、天然气、原油、电力)的终端消费量,利用各类能源的标准煤转换系数和碳排放系数对全国30个区域的碳排放总量进行了测算。具体计算公式如下:

$$c_k = \sum_{i=1}^{9} e_{ik} \times \alpha_i \times cef_i \tag{3-6}$$

其中,c_k 为第 k 区域的碳排放强度,e_{ik} 为第 k 区域第 i 类能源的消费量,α_i 为第 i 类能源折算标准煤的系数(其数值参见2015年《中国能源统计年鉴》),cef_i 为第 i 类能源的碳排放系数。

2. 碳排放强度的测算

碳排放强度是评价碳减排潜力的重要指标,碳排放强度的变动可以反映碳排放潜力被挖掘的程度。区域碳排放强度是区域碳排放量和地区生产总值之比。具体计算公式如下:

$$ci_k = \frac{c_k}{gdp_k} = \frac{\sum_{i=1}^{9} e_{ik} \times \alpha_i \times cef_i}{gdp_k} \tag{3-7}$$

其中,ci_k、gdp_k 分别表示第 k 区域的碳排放强度和地区生产总值,各区域的GDP以2000年为基期进行折算。

3. 结果分析

图3-11为2006~2015年各省区市碳排放强度均值比较,从中可以看

出,各省区市的碳排放强度呈现显著的区域差异。碳排放强度名列前5的有宁夏、贵州、山西、青海和新疆,均位于中、西部地区。由于这些地区均为资源大省,重工业比较发达,能源消费主要以煤炭为主,所以碳排放强度较高。碳排放强度名列后5的有广东、浙江、上海、江苏和福建,均分布在东部地区,这些区域经济较发达,产业结构比较合理,所以碳排放强度较低。由此可见,区域碳排放强度与产业结构密切相关,优化产业结构是区域碳减排的重要手段。

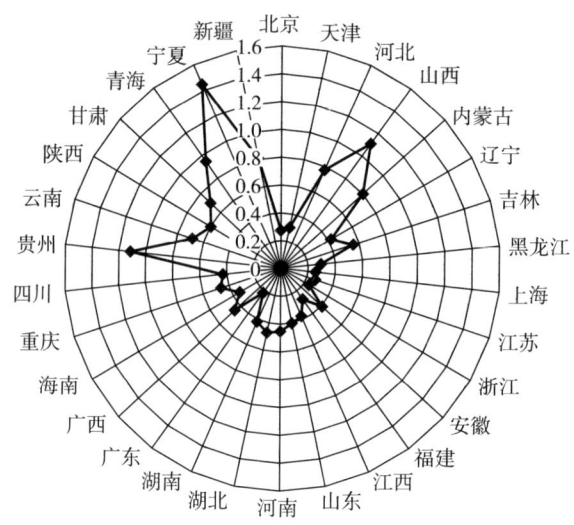

图3-11 2006~2015年各省区市碳排放强度均值比较

图3-12为2006~2015年全国及东、中、西部三大地区碳排放强度均值比较,从中可以看出,10年中,东、中、西部的碳排放强度始终呈从东到西依次递增的格局,与区域经济发展状况相反。10年间,西部的碳排放强度始终高于全国平均水平,而东部则远低于全国平均水平,中部略低于全国平均水平。主要是由于中、西部地区集聚了许多能源大省,经济增长方式粗放,能源技术水平不高,能源效率水平较低,因而碳排放强度较高。但是,全国及三大地区的碳排放强度均存在下降的趋势,与2006年

第三章 区域绿色低碳创新现状

相比，2015年，东、中、西部碳排放强度分别下降了41.38%、45.84%、34.40%，说明10年来，各地区的节能减排工作均取得了显著成效。

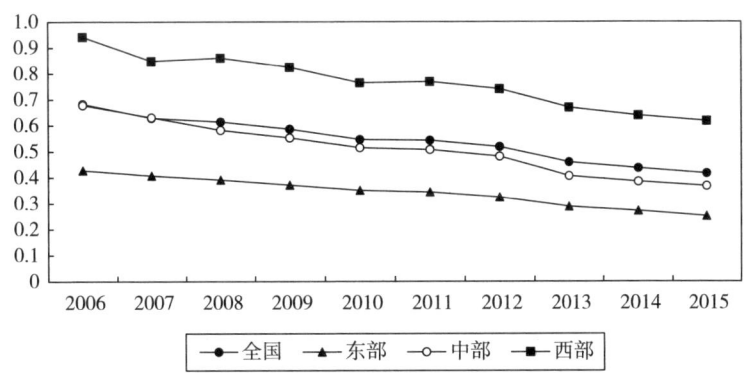

图 3-12 2006~2015 年全国及东、中、西部三大地区碳排放强度均值比较

图 3-13 为 2006~2015 年全国及东、中、西部三大地区碳排放强度变异系数比较，从中可以看出，由于中国各区域经济发展、技术水平和资源禀

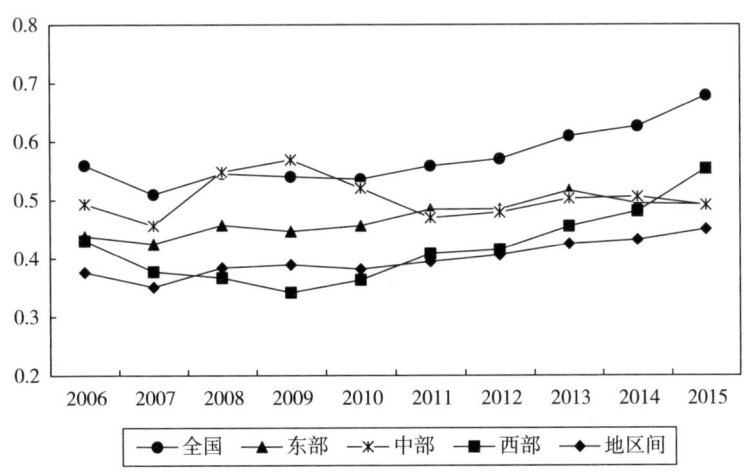

图 3-13 2006~2015 年全国及东、中、西部三大地区碳排放强度变异系数比较

赋的不同，各区域碳排放强度的变异系数较大，且呈增大趋势，说明区域间的不平衡问题有扩大趋势。东、中、西部三大地区内部的各区域间也存在一定的差异，中部各区域间的差异最大，东部次之，西部较小，中部有收敛趋势，东部与西部内部各省域间的差异有扩大趋势。值得注意的是，东、中、西部三大地区间的差异也有扩大趋势。

三、本章小结

本章首先对2006~2015年的区域经济发展态势进行了分析，并对各省区市进行了横向比较；其次，从创新投入和产出角度分别对区域的科技发展特点和趋势进行了分析；再次，选择中国30个省区市废水排放总量、废气排放总量及固体废弃物排放总量原始数据，运用熵权法，对区域环境污染指数进行了测算，并对30个省区市以及东、中、西部环境污染状况分别进行了比较；最后，对各省区市以及东、中、西部碳排放总量和碳排放强度进行了测算与比较。分析发现，区域科技创新水平、环境污染状况和碳排放均呈现严重的不平衡，一方面是由中国各省区市的区位条件和资源禀赋等自然环境造成的，另一方面也与各省区市的技术和管理发展水平密切相关。说明各省区市绿色低碳创新效率的提高不能搞"一刀切"，必须因地制宜地采取有针对性的措施。

第四章
区域传统创新效率评估

一、模型构建

DEA 法是以相对效率概念为基础,以数学规划为主要工具,根据多指标投入和多指标产出数据对同类单元进行相对有效性和效益评价的一种方法。该方法的原理主要是通过保持决策单元(Decision Making Units, DMU)的输入或输出不变,借助数学规划方法确定相对有效的生产前沿面,将各个决策单元投影到 DEA 的生产前沿面上,并通过比较决策单元偏离 DEA 前沿面的程度来评价其相对有效性。DEA 模型并不直接对数据进行综合,决策单元的最优效率与投入及产出指标的量纲选取无关,无须对数据进行无量纲化处理,而且 DEA 是通过数学规划计算与比较被评价单元之间的相对效率,不需要掌握投入与产出指标之间的关系,对于评价多投入与多产出系统的效率具有独特的优势。由于本章构建的传统创新效率评估指标体系属于多投入多产出的系统,故选择 DEA 方法构建传统 DEA 模型进行研究。传统 DEA 模型包括两种类型:一是 Charnes 等(1978)提出的基于规模收益不变的 C^2R 模型（或称 CRS 模型）；二是 Banker 等（1984）提出的基于规模收益可变的 BC^2 模型（或称 VRS 模型）。

本章的传统创新效率包括三个效率值：一是综合创新效率（CTE），是决策单元在既定创新投入下的最大创新产出能力。综合创新效率可以分解成纯技术创新效率和规模效率，即综合创新效率 = 纯技术创新效率 × 规模效率。二是纯技术创新效率（PTE），是在不考虑规模效应影响的条件下，由于单纯的技术进步和技术能力的提升，决策单元在既定的创新投入下，所能获得的最大创新产出能力。三是规模效率（SE），是当决策单元处于规模报酬递减或递增的时候，偏离最优规模报酬的程度。

（一） C^2R 模型

1978 年，Charnes、Cooper 以及 Rhodes 在《欧洲运筹学杂志》中首次提出基于规模收益不变的 C^2R 模型。该模型适用于假设投入面满足规模报酬固定的情况，其创新效率包含了纯技术创新效率和规模效率两部分，因此，被称为综合创新效率。

设有 n 个决策单元，每个决策单元都有 m 种类型的输入（表示对资源的消耗）以及 s 种类型的输出（表示产出的数量），其形式如下：

$$X = \begin{bmatrix} v_1 \\ v_2 \\ \vdots \\ v_i \\ \vdots \\ v_m \end{bmatrix} = \begin{bmatrix} x_{11} & x_{12} & \cdots & x_{1j} & \cdots & x_{1n} \\ x_{21} & x_{22} & \cdots & x_{2j} & \cdots & x_{2n} \\ \vdots & & & & & \\ x_{i1} & x_{i2} & \cdots & x_{ij} & \cdots & x_{in} \\ \vdots & & & & & \\ x_{m1} & x_{m2} & \cdots & x_{mj} & \cdots & x_{mn} \end{bmatrix} \quad (4-1)$$

$$Y = \begin{bmatrix} u_1 \\ u_2 \\ \vdots \\ u_r \\ \vdots \\ u_s \end{bmatrix} = \begin{bmatrix} y_{11} & y_{12} & \cdots & y_{1j} & \cdots & y_{1n} \\ y_{21} & y_{22} & \cdots & y_{2j} & \cdots & y_{2n} \\ \vdots & & & & & \\ y_{r1} & y_{r2} & \cdots & y_{rj} & \cdots & y_{rn} \\ \vdots & & & & & \\ y_{s1} & y_{s2} & \cdots & y_{sj} & \cdots & y_{sn} \end{bmatrix} \quad (4-2)$$

其中，每个决策单元 j 对应一个输入向量 $X_j = (x_{1j}, x_{2j}, \cdots, x_{mj})^T$ 和一个输出向量 $Y_j = (y_{1j}, y_{2j}, \cdots, y_{sj})^T$。$x_{ij}$ 为第 j 个决策单元对第 i 种类型输入的投入总量，y_{rj} 为第 j 个决策单元对第 r 种类型输出的产出总量，v_i 为对第 i 种输入的一种度量；u_r 为对第 r 种输出的一种度量。基于投入导向（Input – Oriented）的 C^2R 模型如下：

$$\theta^* = \min\theta$$

$$\text{s. t} \begin{cases} \sum_{j=1}^{n} \lambda_j x_{ij} + s_i^- = \theta x_{ij0}(i = 1, \cdots, m) \\ \sum_{j=1}^{n} \lambda_j y_{rj} - s_r^+ = y_{rj0}(r = 1, \cdots, s) \\ \theta, \lambda_j, s_i^-, s_r^+ \geq 0 (j = 1, \cdots, n) \end{cases} \quad (4-3)$$

其中，θ^* 为被评价单元的综合创新效率值，θ^* 值越大，综合创新效率越高。s_i^- 和 s_r^+ 分别为投入与产出的松弛变量，表示区域达到 DEA 有效需要减少的投入量和增加的产出量。λ 为用来判断各区域的规模收益情况的权重变量。当 $\theta^* = 1$ 且 s_i^- 和 s_r^+ 全为 0 时，决策单元 DEA 有效。$\theta^* = 1$ 表明该区域运行在最优前沿面上，其产出相对于投入而言达到了综合效率最优。当 $\theta^* = 1$ 且 s_i^- 和 s_r^+ 不全为 0 时，决策单元 DEA 弱有效。若 $\theta^* < 1$ 时，决策单元非 DEA 有效，存在无效率现象，投入产出具有改进空间。

（二）BC^2 模型

由于 C^2R 模型假设决策单元在最优规模下运营，而在现实中，由于不完全竞争、成本约束等问题，决策单元并不可能实现最优规模，这一假设可能导致技术效率与规模效率混淆，为此，Banker 等（1984）在 C^2R 模型中加入了限制条件 $\sum_{j=1}^{n} \lambda_j = 1$，将其转变为规模报酬可变条件下的 BC^2 模型。BC^2 模型适用于假设投入面满足规模报酬变动的情况，将纯技术有效与规模有效进行了区分。用 BC^2 测算出的效率排除了规模的影响，被称为纯技术创新效率。基于投入导向（Input – Oriented）的 BC^2 模型如下：

$$\theta^* = \min\theta$$

$$\text{s.t}\begin{cases} \sum_{j=1}^{n} \lambda_j x_{ij} + s_i^- = \theta x_{i0}(i=1,\cdots,m) \\ \sum_{j=1}^{n} \lambda_j y_{rj} - s_r^+ = y_{r0}(r=1,\cdots,s) \\ \sum_{j=1}^{n} \lambda_j = 1 \\ \theta, \lambda_j, s_i^-, s_r^+ \geq 0 (j=1,\cdots,n) \end{cases} \quad (4-4)$$

其中，θ^* 为被评价单元的传统纯技术创新效率值，θ^* 值越大，传统纯技术创新效率越高。传统规模效率的计算公式为：传统规模效率＝传统综合创新效率/传统纯技术创新效率。传统纯技术创新效率和传统规模效率的值越接近1，表示区域的纯技术效率和规模效率就越高，当达到1时，则表示效率达到最优。

二、指标选取

在创新投入产出指标的选取上，学者还没有达成共识。常用的衡量创新投入的指标有R&D人员全时当量和R&D经费内部支出，衡量创新产出的指标有发明专利授权数、科技论文数和新产品销售收入等。由于中国各省区市劳动人口与经济发展规模等条件具有很大差异，如果直接将它们作为投入产出指标可能缺乏可比性，所以，本章分别选取R&D经费投入强度和R&D人员投入强度作为衡量创新投入的指标，选取人均科技人员论文数、人均发明专利授权数和新产品销售收入率作为衡量创新产出的指标。R&D经费投入强度用R&D经费内部支出占地区生产总值的比重来表示，R&D人员投入强度用R&D人员全时当量与各省区市的从业人员数的比值来表示，人均科技论文数用国外三大检索系统收录的中国科技论文数除以从业人员数得到，新产品销售收入率用新产品销售收入占主营业务收入的比重来表示。各指标定义如表4-1所示。

表4-1 传统创新效率评估指标体系

指标分类	变量	指标	英文	指标定义及说明
创新投入	资本	R&D经费投入强度	cap	R&D经费内部支出/地区生产总值
	劳动	R&D人员投入强度	lab	R&D人员全时当量/各省区市的从业人员数
创新产出	科技论文	人均科技论文数	pap	国外三大检索系统收录的中国科技论文数/从业人员数
	发明专利	人均发明专利授权数	lat	发明专利授权数/从业人员数
	新产品	新产品销售收入率	pro	新产品销售收入/主营业务收入

三、数据来源

本章的研究对象为中国内地30个省区市（西藏及港澳台地区由于统计数据不全，暂不予考虑）。由于创新投入和产出之间存在一定的时滞，测算创新效率时应考虑其滞后期，借鉴多数学者的做法，选择1年的滞后期。由于《中国科技统计年鉴》中，国外三大检索系统收录科技论文数的数据具有两年的滞后期，所以其数据来源于2007~2017年《中国科技统计年鉴》，其余数据均来源于2006~2016年的《中国科技统计年鉴》、《中国统计年鉴》和《中国劳动统计年鉴》。

四、结果分析

(一) 传统综合创新效率

采用投入导向的 C^2R 模型,对30个地区市的综合创新效率进行评估,得到2006~2015年各省区市传统综合创新效率值,如表4-2所示。

表4-2 2006~2015年各省区市传统综合创新效率的评估结果

地区	2006年	2007年	2008年	2009年	2010年	2011年	2012年	2013年	2014年	2015年	均值
北京	0.598	0.658	0.710	0.682	0.842	0.759	0.729	0.812	0.901	1.000	0.769
天津	0.604	0.534	0.537	0.516	0.604	0.444	0.509	0.468	0.481	0.584	0.528
河北	0.246	0.253	0.358	0.324	0.408	0.362	0.384	0.350	0.390	0.487	0.356
山西	0.230	0.158	0.235	0.207	0.206	0.285	0.297	0.304	0.332	0.492	0.275
内蒙古	0.229	0.195	0.173	0.177	0.222	0.238	0.309	0.269	0.239	0.355	0.240
辽宁	0.430	0.503	0.469	0.529	0.628	0.492	0.562	0.559	0.640	0.831	0.564
吉林	0.704	0.683	0.696	0.808	0.763	0.836	0.914	0.805	0.959	1.000	0.817
黑龙江	0.486	0.566	0.667	0.646	0.734	0.600	0.632	0.707	0.770	1.000	0.681
上海	0.946	0.752	0.852	0.850	0.794	0.708	0.726	0.658	0.663	0.905	0.786
江苏	0.358	0.397	0.448	0.463	0.531	0.614	0.765	0.428	0.474	0.773	0.525
浙江	0.403	0.369	0.364	0.387	0.436	0.450	0.493	0.466	0.493	0.740	0.460
安徽	0.643	0.645	0.608	0.457	0.454	0.443	0.505	0.478	0.532	0.914	0.568
福建	0.309	0.304	0.309	0.276	0.307	0.298	0.347	0.329	0.355	0.488	0.332
江西	0.204	0.203	0.226	0.262	0.362	0.274	0.337	0.321	0.383	0.445	0.302
山东	0.279	0.315	0.328	0.270	0.351	0.333	0.348	0.331	0.379	0.565	0.350
河南	0.207	0.197	0.255	0.288	0.298	0.313	0.344	0.284	0.300	0.396	0.288
湖北	0.544	0.729	0.755	0.703	0.643	0.469	0.526	0.488	0.588	0.702	0.615
湖南	0.612	0.679	0.699	0.658	0.642	0.548	0.597	0.573	0.630	0.868	0.651

续表

地区	2006年	2007年	2008年	2009年	2010年	2011年	2012年	2013年	2014年	2015年	均值
广东	0.282	0.313	0.464	0.571	0.573	0.611	0.628	0.358	0.434	0.644	0.488
广西	0.382	0.367	0.372	0.368	0.343	0.328	0.369	0.410	0.549	1.000	0.449
海南	1.000	0.539	0.437	0.500	0.612	0.789	0.847	0.772	0.698	0.785	0.698
重庆	0.381	0.398	0.419	0.488	0.654	0.567	0.674	0.553	0.615	0.787	0.554
四川	0.364	0.401	0.415	0.409	0.494	0.453	0.592	0.459	0.601	0.784	0.497
贵州	0.250	0.241	0.281	0.281	0.356	0.363	0.356	0.390	0.462	0.628	0.361
云南	0.280	0.306	0.310	0.359	0.438	0.488	0.539	0.527	0.603	0.754	0.460
陕西	0.464	0.516	0.611	0.652	0.796	0.704	0.775	0.710	0.813	0.946	0.699
甘肃	0.487	0.551	0.657	0.630	0.667	0.694	0.700	0.652	0.825	0.832	0.669
青海	0.161	0.159	0.153	0.218	0.127	0.140	0.207	0.199	0.263	0.457	0.208
宁夏	0.189	0.095	0.107	0.134	0.150	0.228	0.252	0.303	0.335	0.528	0.232
新疆	0.178	0.189	0.223	0.233	0.253	0.260	0.339	0.378	0.438	0.632	0.312
均值	0.415	0.407	0.438	0.445	0.490	0.470	0.520	0.478	0.538	0.711	0.491
变异系数	0.521	0.475	0.458	0.440	0.419	0.398	0.367	0.356	0.353	0.279	0.365

1. 区域间比较

从表4-2可以看出，各省区市传统综合创新效率普遍较低，无效率现象非常严重。10年中，只有北京、吉林、黑龙江、广西和海南的传统综合创新效率有处于前沿面的年度，其余省区市均没有任何一个年度的传统综合创新效率处于前沿面。10年的均值为0.491，10年中没有一个省区市始终处于前沿面，均存在效率损失。30个省区市中效率均值最高的区域是吉林，为0.817，最低的是青海，为0.208，极差达0.609，可见各省区市间存在严重的两极分化现象。10年中，各省区市的变异系数的均值为0.365，说明各省区市间传统综合创新效率存在一定差异，但总体上不大。

2. 地区间比较

表4-3为全国及东、中、西部三大地区传统综合创新效率的评估结果。从中可以看出，东、中、西部传统综合创新效率分别为0.532、0.524、0.426，呈从东到西依次递减的阶梯式发展格局，东、中部高于全

国平均水平，西部低于全国平均水平，与地区经济发展状况基本吻合。因为中国的改革开放始于东部地区，东部在经济、技术、人才和环境等方面均具有中、西部无可比拟的优势，因而东部的资源配置能力比中、西部略胜一筹。东、中、西部各省区市间的变异系数分别为 0.344、0.424、0.434，呈从东到西依次递增的格局，可见各地区内部均存在发展不平衡问题，西部最为严重，原因是西部各省区市间在区位条件、资源禀赋和经济发展等方面的差异较大，导致资源配置能力差异显著，因而各省区市间传统综合创新效率表现出显著的异质性。

表 4 - 3　2006~2015 年全国及东、中、西部三大地区传统综合创新效率的评估结果

地区		2006年	2007年	2008年	2009年	2010年	2011年	2012年	2013年	2014年	2015年	均值
均值	全国	0.415	0.407	0.438	0.445	0.490	0.470	0.520	0.478	0.538	0.711	0.491
	东部	0.496	0.449	0.480	0.488	0.553	0.533	0.576	0.503	0.537	0.709	0.532
	中部	0.454	0.482	0.518	0.504	0.513	0.471	0.519	0.495	0.562	0.727	0.524
	西部	0.306	0.311	0.338	0.359	0.409	0.406	0.465	0.441	0.522	0.700	0.426
变异系数	全国	0.521	0.475	0.458	0.440	0.419	0.398	0.367	0.356	0.353	0.279	0.365
	东部	0.534	0.358	0.348	0.360	0.308	0.326	0.306	0.349	0.314	0.239	0.344
	中部	0.462	0.518	0.453	0.457	0.411	0.405	0.391	0.388	0.404	0.348	0.424
	西部	0.377	0.479	0.530	0.485	0.545	0.472	0.425	0.360	0.379	0.287	0.434

（二）传统纯技术创新效率

采用 BC^2 模型对 30 个省区市的传统纯技术创新效率进行评估，得到 2006~2015 年各省区市传统纯技术创新效率值，如表 4 - 4 所示。

表 4 - 4　2006~2015 年各省区市传统纯技术创新效率的评估结果

地区	2006年	2007年	2008年	2009年	2010年	2011年	2012年	2013年	2014年	2015年	均值
北京	0.601	0.677	0.722	0.687	0.842	0.762	0.734	0.814	0.907	1.000	0.775
天津	0.611	0.536	0.537	0.522	0.668	0.457	0.525	0.504	0.524	0.707	0.559
河北	0.425	0.405	0.503	0.468	0.510	0.478	0.479	0.427	0.450	0.523	0.467

续表

地区	2006年	2007年	2008年	2009年	2010年	2011年	2012年	2013年	2014年	2015年	均值
山西	0.370	0.301	0.336	0.308	0.285	0.364	0.373	0.383	0.408	0.554	0.368
内蒙古	0.594	0.539	0.487	0.456	0.422	0.445	0.482	0.436	0.398	0.491	0.475
辽宁	0.469	0.541	0.508	0.565	0.652	0.529	0.609	0.599	0.681	0.839	0.599
吉林	0.706	0.708	0.720	1.000	0.771	0.848	0.931	0.843	0.967	1.000	0.849
黑龙江	0.576	0.647	0.743	0.709	0.785	0.648	0.671	0.743	0.806	1.000	0.733
上海	1.000	0.788	0.932	0.950	1.000	0.856	0.795	0.692	0.686	0.932	0.863
江苏	0.373	0.412	0.461	0.466	0.608	0.684	0.897	0.459	0.498	0.865	0.572
浙江	0.443	0.387	0.380	0.394	0.455	0.473	0.529	0.496	0.554	1.000	0.511
安徽	0.721	0.710	0.664	0.493	0.471	0.464	0.509	0.483	0.545	1.000	0.606
福建	0.359	0.365	0.379	0.356	0.350	0.344	0.378	0.360	0.381	0.492	0.376
江西	0.311	0.294	0.325	0.359	0.422	0.363	0.432	0.414	0.472	0.530	0.392
山东	0.339	0.376	0.386	0.311	0.366	0.354	0.363	0.346	0.394	0.571	0.381
河南	0.404	0.360	0.410	0.437	0.386	0.405	0.419	0.352	0.359	0.437	0.397
湖北	0.590	0.756	0.769	0.720	0.647	0.490	0.538	0.502	0.601	0.712	0.632
湖南	0.661	0.713	0.738	0.688	0.644	0.571	0.601	0.575	0.645	0.967	0.680
广东	0.326	0.351	0.473	0.596	0.640	0.704	0.742	0.384	0.449	0.699	0.536
广西	0.571	0.577	0.653	0.560	0.450	0.454	0.483	0.501	0.616	1.000	0.587
海南	1.000	1.000	1.000	0.983	0.844	1.000	0.997	0.880	0.838	0.910	0.945
重庆	0.387	0.406	0.424	0.489	1.000	0.575	0.689	0.576	0.635	0.801	0.598
四川	0.383	0.431	0.455	0.441	0.528	0.498	0.630	0.498	0.646	0.799	0.531
贵州	0.392	0.380	0.468	0.454	0.464	0.487	0.482	0.524	0.597	0.725	0.497
云南	0.432	0.464	0.479	0.523	0.580	0.615	0.656	0.649	0.725	0.848	0.597
陕西	0.514	0.545	0.636	0.673	0.807	0.719	0.789	0.723	0.828	0.950	0.718
甘肃	0.577	0.638	0.731	0.697	0.724	0.746	0.756	0.705	0.886	0.891	0.735
青海	0.358	0.374	0.420	0.505	0.303	0.300	0.344	0.357	0.418	0.586	0.397
宁夏	0.404	0.257	0.235	0.292	0.286	0.376	0.381	0.407	0.434	0.577	0.365
新疆	0.729	0.667	0.698	0.562	0.460	0.473	0.531	0.560	0.616	0.798	0.609
均值	0.521	0.520	0.556	0.555	0.579	0.549	0.592	0.540	0.599	0.773	0.578
变异系数	0.347	0.343	0.332	0.339	0.349	0.318	0.301	0.285	0.289	0.243	0.273

1. 区域间比较

传统纯技术创新效率反映了区域的总体技术水平，是一个区域整体技术水平的有效体现。从表4-4可以看出，区域纯技术创新效率普遍较低，无效率现象严重。10年中，只有北京、吉林、黑龙江、上海、浙江、安徽、重庆、广西、海南的传统纯技术创新效率有处于前沿面的年度，其中吉林、上海各有2次处于前沿面，海南有4次处于前沿面，其余省区市均没有任何一个年度的传统纯技术创新效率处于前沿面。10年的均值为0.578，10年中没有一个省区市处于前沿面，每个区域均存在效率损失。30个省区市中效率均值最高的为吉林，效率为0.849，最低的为青海，效率为0.397，极差为0.452，可见省区市间存在严重的两极分化现象。10年中，区域变异系数的均值为0.273，说明省区市间传统纯技术创新效率差异不大，技术发展不平衡状况已得到一定程度的改善。

总之，各省区市的传统纯技术创新效率水平总体上与区域科技水平、经济发达程度相对应。一般来说，科技水平越高、经济水平越发达，纯技术创新效率水平越高。总体来看，省区市传统纯技术创新效率逐年提高，但也有部分省份的纯技术创新效率具有一定的波动性。

2. 地区间比较

表4-5为全国及东、中、西部三大地区传统纯技术创新效率的评估结果。从中可以看出，东、中、西部传统纯技术创新效率分别为0.599、0.582、0.555，呈从东到西依次递减的阶梯式发展格局，东、中部高于全国平均水平，西部低于全国平均水平，与地区技术发展水平基本一致。东、中、西部各省区市间的变异系数分别为0.351、0.334、0.262，也呈从东到西依次递减的格局，可见各地区内部各省区市间存在一定的发展不平衡问题，东部最为严重，原因是东部各省市间技术水平方面的差异较大，因而其传统纯技术创新效率表现出一定的异质性。

表4-5 2006~2015年全国及东、中、西部三大地区传统纯技术创新效率的评估结果

地区		2006年	2007年	2008年	2009年	2010年	2011年	2012年	2013年	2014年	2015年	均值
均值	全国	0.521	0.520	0.556	0.555	0.579	0.549	0.592	0.540	0.599	0.773	0.578
	东部	0.541	0.531	0.571	0.572	0.631	0.604	0.641	0.542	0.578	0.776	0.599
	中部	0.542	0.561	0.588	0.589	0.551	0.519	0.559	0.537	0.600	0.775	0.582
	西部	0.486	0.480	0.517	0.514	0.548	0.517	0.566	0.540	0.618	0.770	0.555
变异系数	全国	0.347	0.343	0.332	0.339	0.349	0.318	0.301	0.285	0.289	0.243	0.273
	东部	0.456	0.396	0.382	0.389	0.326	0.352	0.325	0.337	0.306	0.242	0.351
	中部	0.295	0.363	0.332	0.393	0.337	0.320	0.321	0.326	0.341	0.315	0.334
	西部	0.245	0.260	0.285	0.218	0.397	0.263	0.261	0.219	0.257	0.210	0.262

（三）传统规模效率

利用前文计算出的综合创新效率和纯技术创新效率即可求得各省区市的传统规模效率。2006~2015年各省区市传统规模效率值如表4-6所示。

表4-6 2006~2015年各省区市传统规模效率的评估结果

地区	2006年	2007年	2008年	2009年	2010年	2011年	2012年	2013年	2014年	2015年	均值
北京	0.995	0.971	0.984	0.992	1.000	0.995	0.994	0.997	0.993	1.000	0.992
天津	0.988	0.996	1.000	0.990	0.904	0.971	0.968	0.930	0.917	0.826	0.949
河北	0.578	0.625	0.712	0.692	0.801	0.758	0.800	0.821	0.866	0.931	0.758
山西	0.621	0.527	0.700	0.672	0.725	0.783	0.797	0.796	0.813	0.887	0.732
内蒙古	0.386	0.361	0.356	0.388	0.525	0.533	0.640	0.617	0.600	0.723	0.513
辽宁	0.916	0.930	0.923	0.937	0.962	0.931	0.923	0.933	0.939	0.991	0.939
吉林	0.998	0.964	0.967	0.808	0.991	0.986	0.982	0.955	0.991	1.000	0.964
黑龙江	0.843	0.875	0.897	0.911	0.935	0.926	0.941	0.951	0.956	1.000	0.924
上海	0.946	0.955	0.914	0.895	0.794	0.827	0.913	0.951	0.966	0.971	0.913
江苏	0.960	0.964	0.973	0.993	0.874	0.898	0.852	0.933	0.952	0.894	0.929
浙江	0.911	0.953	0.958	0.982	0.957	0.951	0.934	0.939	0.890	0.740	0.921
安徽	0.892	0.908	0.915	0.929	0.963	0.954	0.992	0.989	0.976	0.914	0.943
福建	0.861	0.834	0.816	0.775	0.875	0.866	0.918	0.914	0.931	0.992	0.878

续表

地区	2006年	2007年	2008年	2009年	2010年	2011年	2012年	2013年	2014年	2015年	均值
江西	0.655	0.689	0.696	0.729	0.858	0.754	0.780	0.775	0.811	0.840	0.759
山东	0.823	0.840	0.849	0.867	0.958	0.941	0.958	0.957	0.962	0.989	0.914
河南	0.512	0.545	0.622	0.660	0.772	0.774	0.820	0.807	0.835	0.907	0.726
湖北	0.922	0.964	0.982	0.976	0.993	0.958	0.978	0.970	0.978	0.986	0.971
湖南	0.926	0.953	0.947	0.957	0.997	0.959	0.995	0.996	0.978	0.897	0.960
广东	0.864	0.892	0.981	0.957	0.895	0.867	0.846	0.931	0.967	0.922	0.912
广西	0.668	0.636	0.570	0.658	0.763	0.724	0.763	0.818	0.891	1.000	0.749
海南	1.000	0.539	0.437	0.509	0.725	0.789	0.850	0.878	0.833	0.862	0.742
重庆	0.984	0.982	0.989	0.997	0.654	0.986	0.978	0.959	0.967	0.983	0.948
四川	0.950	0.931	0.912	0.927	0.935	0.910	0.940	0.922	0.929	0.982	0.934
贵州	0.637	0.634	0.599	0.620	0.766	0.745	0.739	0.745	0.773	0.866	0.713
云南	0.647	0.660	0.647	0.686	0.756	0.794	0.821	0.812	0.831	0.889	0.754
陕西	0.904	0.945	0.960	0.969	0.986	0.980	0.982	0.983	0.982	0.996	0.969
甘肃	0.844	0.863	0.898	0.903	0.922	0.930	0.926	0.924	0.931	0.933	0.908
青海	0.451	0.425	0.365	0.432	0.420	0.466	0.601	0.557	0.630	0.780	0.513
宁夏	0.467	0.368	0.453	0.460	0.525	0.607	0.662	0.744	0.772	0.915	0.597
新疆	0.245	0.283	0.319	0.414	0.549	0.549	0.637	0.675	0.710	0.792	0.517
均值	0.797	0.783	0.788	0.801	0.846	0.855	0.879	0.886	0.899	0.919	0.845
变异系数	1.500	1.386	1.378	1.299	1.200	1.252	1.219	1.249	1.221	1.148	1.285

1. 区域间比较

从表4-6可以看出，10年中，只有北京、吉林、黑龙江、广西、海南的传统规模效率有处于前沿面的年度，其余省区市均没有任何一个年度的传统规模效率处于前沿面。10年，均值为0.845，与综合创新效率和纯技术创新效率相比，传统规模效率较高，虽然每个省区市均存在效率损失，但损失较小。30个省区市中效率均值最高的为北京，效率为0.992，最低的为青海，效率为0.513，极差达0.479，可见各省区市间存在较严重的两极分化现象。10年中，各省区市的变异系数的均值为1.285，说明各省区市间的传统规模效率存在很大差异，创新规模发展不平衡问题非常严重。

第四章 区域传统创新效率评估

2. 地区间比较

表4-7为2006~2015年全国及东、中、西部三大地区传统规模效率的评估结果。从中可以看出，10年中，东、中、西部的传统规模效率的均值分别为0.895、0.872、0.738，呈从东到西依次递减的阶梯式发展格局，东、中部高于全国平均水平，西部低于全国平均水平，与地区经济发展状况基本吻合。东、中、西部各省区市间的变异系数分别为0.112、0.137、0.269，西部的变异系数最大，但仍然小于0.3，说明各地区各省区市间的创新规模差异较小。

表4-7 2006~2015年全国及东、中、西部三大地区传统规模效率的评估结果

地区		2006年	2007年	2008年	2009年	2010年	2011年	2012年	2013年	2014年	2015年	均值
均值	全国	0.797	0.783	0.788	0.801	0.846	0.855	0.879	0.886	0.899	0.919	0.845
	东部	0.895	0.863	0.868	0.872	0.886	0.890	0.905	0.926	0.929	0.920	0.895
	中部	0.796	0.803	0.841	0.830	0.904	0.887	0.911	0.905	0.917	0.929	0.872
	西部	0.653	0.644	0.643	0.678	0.709	0.748	0.790	0.796	0.820	0.896	0.738
变异系数	全国	1.500	1.386	1.378	1.299	1.200	1.252	1.219	1.249	1.221	1.148	1.285
	东部	0.135	0.174	0.193	0.178	0.095	0.086	0.067	0.049	0.052	0.091	0.112
	中部	0.221	0.234	0.171	0.156	0.118	0.111	0.104	0.104	0.089	0.064	0.137
	西部	0.379	0.402	0.401	0.351	0.268	0.253	0.186	0.179	0.163	0.107	0.269

3. 传统三大创新效率间的比较

分区域来看，只有海南和新疆的传统纯技术创新效率高于传统规模效率，其余省区市的传统规模效率均高于传统纯技术创新效率，表明各省区市的传统创新效率的非有效性主要来源于纯技术创新效率。

分地区来看，东、中、西部的传统规模效率均大于传统纯技术创新效率，说明各地区传统创新效率低的主要原因均为技术水平，而非规模水平。东、中、西部传统创新效率的变异系数有所不同，西部的传统规模效率的变异系数大于传统纯技术创新效率的变异系数，说明西部规模水平的不平衡比技术水平的不平衡更为严重。而东部和中部则是技术水平的不平衡更为严重。

五、传统创新效率的动态演变

图4-1为2006~2015年区域传统创新效率的均值趋势。从中可以看出,三大效率总体上均呈上升趋势,规模效率始终高于传统纯技术创新效率,说明10年中技术无效性始终是创新无效率的主要原因。传统纯技术创新效率的提升速度高于规模效率的提升速度,说明区域技术无效率问题的改善速度高于规模效率的改善速度。

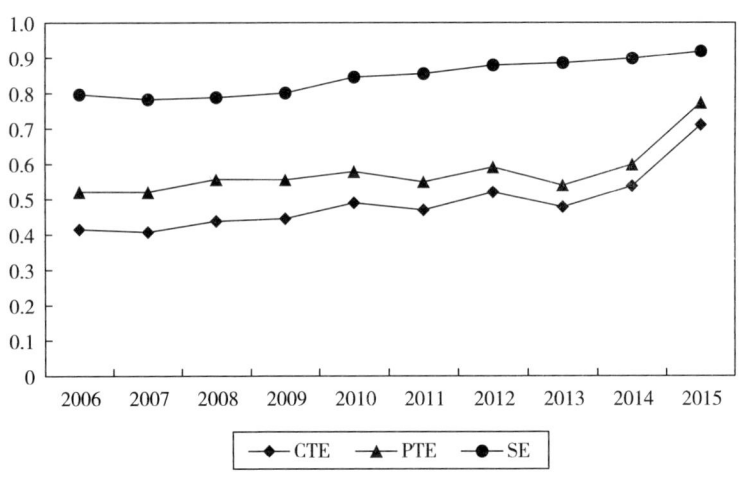

图4-1 2006~2015年区域传统创新效率的均值趋势

图4-2为2006~2015年区域传统创新效率的变异系数趋势。从中可以看出,三大效率的变异系数总体上均呈下降趋势,说明区域间传统纯技术创新效率的差距正在缩小,有收敛趋势。10年中,传统纯技术创新效率的变异系数始终远大于规模效率的变异系数,说明技术水平的差异大于规

模水平的差异。传统纯技术创新效率的下降速度大于规模效率的下降速度,说明技术水平的收敛速度大于规模水平的收敛速度。

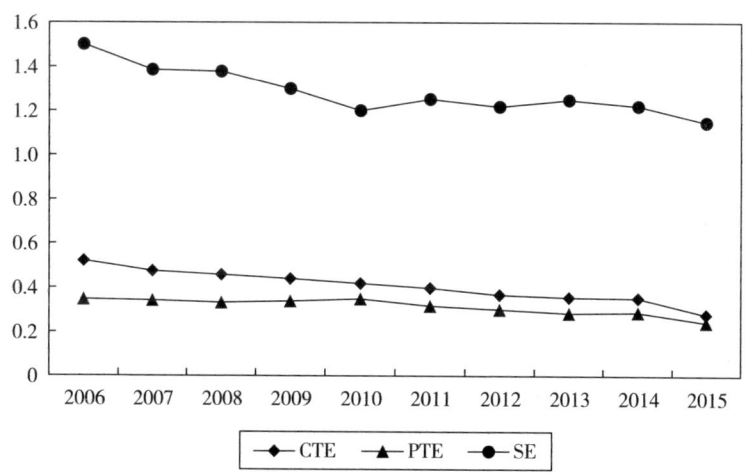

图4-2 2006~2015年区域传统创新效率的变异系数趋势

六、本章小结

科技创新是转型时期中国各省区市发展格局重塑的新型驱动力,对区域协调发展至关重要。地区科技创新能力的提高不仅需要加大科技资源投入规模,更应该注重提升科技创新效率。基于规模收益不变的C^2R模型与基于规模收益可变的BC^2模型是DEA理论应用最广泛,也是最基础的两种模型。本章构建区域传统创新效率的评估指标体系,采用C^2R模型和BC^2模型,分别对中国30个省区市的传统综合创新效率和纯技术创新效率进行评估,并对传统综合创新效率、纯技术创新效率和规模效率进行了静态和动态的比较。研究发现，各省区市传统创新效率普遍较低，无效率现象严重；各省区市间存在一定差异，规模效率的差异最大，纯技术创新效率的差异较小；10年中，三大效率总体上均呈上升趋势，技术无效性始终是创新无效率的主要原因；传统纯技术创新效率的提升速度和收敛速度均大于规模效率的提升和收敛速度；东、中、西部地区传统纯技术创新效率呈从东到西依次递减的阶梯式发展格局，与地区经济发展与技术水平基本吻合，说明加快区域经济建设和提高区域技术水平是提高区域传统创新效率的重要途径。

第五章
区域绿色低碳创新效率评估

一、模型构建

从著名运筹学家查尔尼、库珀和罗兹于1978年首次提出 C^2R 模型以来,DEA 模型不断得到完善。由于传统 DEA 模型在评估效率时,没有考虑到投入与产出的松弛性问题,也没有将非期望产出纳入考虑范围,所以 Kaoru(2003)对其进行了改进,将非期望产出引入生产可能性集,提出了包含非期望产出的非径向非角度的 SBM 模型,既解决了径向模型中没有考虑松弛变量的问题,又解决了存在非期望产出的生产效率的评估问题,被国外公认为是测算效率最符合实际的模型。而且非径向非角度的 SBM 模型具有无量纲性的特点,能有效避免量纲不同和角度选择的差异带来的偏差和影响,更能体现效率评价的本质,所以本章选择包含非期望产出的 SBM 模型进行研究。

假设 n 个决策单元均使用 m 种投入要素生产 q_1 种期望产出和 q_2 种非期望产出,$x_{ik}(i=1,2,\cdots,m;k=1,2,\cdots,n)$ 表示第 k 个决策单元的

第 i 种投入量，$y_{rk}(r=1, 2, \cdots, q_1)$ 表示第 k 个决策单元的第 r 种期望产出量，$y_{uk}(u=1, 2, \cdots, q_2)$ 表示第 k 个决策单元的第 u 种非期望产出量，X、Y^g 和 Y^b 分别表示决策单元的投入、期望产出和非期望产出向量，定义 $X=(x_1, x_2, \cdots, x_n)^T \in R^{m \times n}$，$Y^g=(y_1^g, y_2^g, \cdots, y_n^g) \in R^{s_r \times n}$，$Y^b=(y_1^b, y_2^b, \cdots, y_n^b) \in R^{s_u \times n}$，$x_k$、$y_k^g$ 和 y_k^b 分别表示被评价决策单元的投入、期望产出和非期望产出量，则包含非期望产出的 SBM 模型如下：

$$\rho^* = \min \frac{1 - \frac{1}{m}\sum_{i=1}^{m}\frac{s_i^-}{x_{ik}}}{1 + \frac{1}{q_1 + q_2}\left(\sum_{r=1}^{q_1}\frac{s_r^g}{y_{rk}^g} + \sum_{u=1}^{q_2}\frac{s_u^b}{y_{uk}^b}\right)}$$

$$\text{s.t.} \begin{cases} x_k = X\lambda + s^- \\ y_k^g = Y^g\lambda - s^g \\ y_k^b = Y^b\lambda + s^b \\ s^- \geq 0, s^g \geq 0, s^b \geq 0, \lambda \geq 0 \end{cases} \quad (5-1)$$

其中，ρ^* 为被评价单元的综合创新效率值；s^-、s^g 和 s^b 分别为投入、期望产出和非期望产出的松弛变量；λ 为权重向量。对于特定的被评价单元，当且仅当 $\rho^*=1$，即 $s^-=0$、$s^g=0$、$s^b=0$ 时是有效的；如果 $\rho^*<1$，说明被评价单元是无效的，投入产出存在改进的空间。

二、指标选取

绿色低碳创新系统是一个由多种要素投入和多种期望与非期望产出组成的复杂系统。根据柯布—道格拉斯生产函数的内涵，在既定技术条件下，区域生产活动是将劳动和资本要素转化为区域产出的过程，在现代工业社会，能源成为生产过程的决定性要素，所以许多学者在考察生产活动的效率时都将能源作为投入要素引入生产过程。能源的投入是工业发展的强大助力，对经济发展起到巨大的推动作用。但是，也产生了一些不受人欢迎的非期望产出。因此，在评估生产活动的效率时，必须将能源和非期望产出同时考虑在内，才能真实反映生产活动的成效。

本书将绿色低碳创新活动视为一个知识的生产及转化的过程，所以从创新投入、能源投入、创新期望产出和非期望产出四个方面构建绿色低碳创新效率的评估指标体系。参照前人的研究成果，选择劳动、资本和能源作为投入要素，选择国外三大检索系统收录的科技论文数、发明专利授权数和新产品销售收入作为创新活动的期望产出，选择环境污染和碳排放作为创新过程中的非期望产出。考虑到中国各省区市人口与经济规模的异质性，借鉴樊华等学者的做法，在指标的选择上均采用了比重值，根据数据的可得性，分别选取R&D经费投入强度、R&D人员投入强度和能源强度作为衡量创新投入的指标，选取人均科技论文发表数、人均发明专利授权数和新产品销售收入率作为衡量期望产出的指标，选取碳排放强度和环境污染指数作为衡量非期望产出的指标，各指标的计算方法如表5-1所示。碳排放强度和环境污染指数的数据按照本书第三章的方法进行计算。

表5-1 绿色低碳创新效率评估指标体系

指标分类	变量	指标	英文	指标定义及说明
创新投入	资本	R&D经费投入强度	cap	R&D经费内部支出/地区生产总值
	劳动	R&D人员投入强度	lab	R&D人员全时当量/各省区市的从业人员数
	能源	能源强度	ei	能源消费总量/地区生产总值
期望产出	科技论文	人均科技论文发表数	pap	国外三大检索系统收录的中国科技论文数/从业人员数
	发明专利	人均发明专利授权数	lat	发明专利授权数/从业人员数
	新产品	新产品销售收入率	pro	新产品销售收入/主营业务收入
非期望产出	碳排放	碳排放强度	ci	碳排放总量/地区生产总值
	环境污染	环境污染指数	epi	环境污染指数

三、结果分析

(一) 绿色低碳综合创新效率

采用包含非期望产出的 SBM 模型对各省区市的绿色低碳综合创新效率（CTE）进行评估，结果如表 5-2 所示。

表 5-2 2006~2015 年各省区市绿色低碳综合创新效率的评估结果

地区	2006年	2007年	2008年	2009年	2010年	2011年	2012年	2013年	2014年	2015年	均值
北京	0.389	0.581	0.780	0.781	1.000	0.607	0.621	0.701	1.000	1.000	0.746
天津	0.385	0.410	0.415	0.424	0.525	0.368	0.409	0.441	0.485	0.586	0.445
河北	0.142	0.137	0.181	0.173	0.227	0.177	0.186	0.180	0.216	0.258	0.188
山西	0.123	0.085	0.116	0.104	0.103	0.132	0.139	0.141	0.151	0.191	0.129
内蒙古	0.101	0.086	0.080	0.078	0.105	0.105	0.125	0.117	0.114	0.154	0.107
辽宁	0.221	0.247	0.239	0.290	0.337	0.282	0.305	0.311	0.348	0.486	0.307
吉林	0.342	0.335	0.380	0.583	0.494	0.573	0.668	0.357	0.768	1.000	0.550
黑龙江	0.209	0.244	0.279	0.310	0.356	0.329	0.365	0.402	0.426	1.000	0.392
上海	1.000	0.615	0.769	0.864	1.000	0.581	0.579	0.598	0.696	1.000	0.770
江苏	0.264	0.285	0.314	0.336	0.411	0.378	0.579	0.317	0.386	0.760	0.403
浙江	0.250	0.313	0.291	0.287	0.394	0.363	0.408	0.478	0.594	1.000	0.438
安徽	0.222	0.236	0.268	0.275	0.313	0.300	0.311	0.302	0.348	1.000	0.358
福建	0.250	0.219	0.213	0.220	0.270	0.222	0.253	0.242	0.256	0.334	0.248
江西	0.169	0.152	0.129	0.148	0.219	0.171	0.206	0.203	0.225	0.259	0.188
山东	0.181	0.197	0.190	0.179	0.261	0.205	0.217	0.214	0.246	0.342	0.223
河南	0.133	0.130	0.148	0.165	0.193	0.160	0.176	0.165	0.179	0.231	0.168
湖北	0.249	0.320	0.398	0.384	0.377	0.306	0.339	0.333	0.399	0.470	0.357

续表

地区	2006年	2007年	2008年	2009年	2010年	2011年	2012年	2013年	2014年	2015年	均值
湖南	0.328	0.381	0.412	0.404	0.449	0.363	0.399	0.412	0.476	1.000	0.462
广东	0.230	0.224	0.299	0.354	0.432	0.427	0.463	0.305	0.372	0.484	0.359
广西	0.236	0.228	0.204	0.223	0.243	0.194	0.196	0.231	0.301	1.000	0.306
海南	1.000	1.000	1.000	1.000	1.000	0.658	1.000	1.000	0.517	1.000	0.918
重庆	0.247	0.291	0.297	0.353	0.519	0.401	0.411	0.366	0.443	0.540	0.387
四川	0.220	0.224	0.215	0.250	0.276	0.254	0.307	0.263	0.336	0.403	0.275
贵州	0.128	0.124	0.134	0.136	0.186	0.173	0.170	0.189	0.214	0.235	0.169
云南	0.140	0.166	0.164	0.188	0.230	0.228	0.252	0.244	0.300	0.356	0.227
陕西	0.146	0.199	0.233	0.283	0.367	0.351	0.343	0.339	0.389	0.510	0.316
甘肃	0.161	0.186	0.226	0.224	0.270	0.334	0.349	0.320	0.390	0.390	0.285
青海	0.079	0.080	0.081	0.107	0.046	0.020	0.019	0.022	0.016	0.051	0.052
宁夏	0.088	0.047	0.053	0.067	0.070	0.107	0.118	0.145	0.142	0.246	0.108
新疆	0.029	0.092	0.106	0.108	0.130	0.124	0.153	0.169	0.204	0.280	0.139
均值	0.255	0.261	0.287	0.310	0.360	0.296	0.335	0.317	0.365	0.552	0.334
变异系数	0.862	0.741	0.757	0.735	0.700	0.539	0.605	0.606	0.565	0.595	0.609

1. 区域间比较

区域绿色低碳综合创新效率是在考虑资源环境约束后对区域资源配置能力、资源利用效率的综合衡量与评价。从表5-2可以看出，全国绿色低碳综合创新效率的均值为0.334，无效率部分为0.666，存在很大的提升空间。分区域来看，各省区市均存在效率损失，排在前五名的分别是青海、内蒙古、宁夏、山西和新疆，均位于中、西部地区。效率损失最大的为青海，损失为0.948，最小的为海南，损失为0.082，极差达0.866，说明各省区市的绿色低碳综合创新效率存在严重的两极分化。各省区市的变异系数达0.609，说明资源配置和综合利用能力存在显著差异。

2. 地区间比较

表5-3为2006~2015年全国及东、中、西部三大地区绿色低碳综合创新效率的评估结果。从中可以看出，东、中、西部绿色低碳综合创新效

率分别为 0.458、0.326、0.216，呈从东到西依次递减的阶梯式发展格局，与区域经济发展水平相吻合。东部高于全国平均水平，中、西部低于全国平均水平，东、西部之间差距较大。由于中国的改革开放始于东部地区，东部在经济、技术、人才和环境等方面均具有中、西部无可比拟的优势，因而在创新成果和节能减排技术方面都比中、西部略胜一筹，所以东部的绿色低碳综合创新效率最高。东、中、西部各省区市间的变异系数分别为 0.584、0.476、0.534，呈"东部第一，西部第二，中部最低"的特征，可见各地区内部均存在发展不平衡问题，且东部最为严重，西部次之，中部相对较低。东、西部较为严重，原因是东、西部各省区市间在区位条件、资源禀赋、经济发展和技术水平等方面的差异较大，导致资源配置和绿色低碳发展能力差异显著，因而东、西部各省区市间绿色低碳创新效率表现出较显著的异质性，而中部各省间的差异相对较小。

表 5-3 2006~2015 年全国及东、中、西部三大地区
绿色低碳综合创新效率的评估结果

地区		2006年	2007年	2008年	2009年	2010年	2011年	2012年	2013年	2014年	2015年	均值
均值	全国	0.255	0.261	0.287	0.310	0.360	0.296	0.335	0.317	0.365	0.552	0.334
	东部	0.392	0.384	0.426	0.446	0.532	0.388	0.456	0.435	0.465	0.659	0.458
	中部	0.222	0.235	0.266	0.297	0.313	0.292	0.325	0.290	0.371	0.644	0.326
	西部	0.143	0.157	0.163	0.183	0.222	0.208	0.222	0.219	0.259	0.379	0.216
变异系数	全国	0.862	0.741	0.757	0.735	0.700	0.539	0.605	0.606	0.565	0.595	0.609
	东部	0.790	0.666	0.670	0.658	0.586	0.430	0.515	0.570	0.500	0.457	0.584
	中部	0.369	0.452	0.464	0.538	0.425	0.491	0.514	0.368	0.538	0.604	0.476
	西部	0.483	0.488	0.480	0.501	0.625	0.569	0.540	0.474	0.513	0.666	0.534

（二）绿色低碳纯技术创新效率

采用包含非期望产出的 SBM 模型对各省区市的绿色低碳纯技术创新效率（PTE）进行评估，结果如表 5-4 所示。

1. 区域间比较

区域绿色低碳纯技术创新效率是在考虑资源环境约束后,区域以既定的投入资源提供相应产出的能力,与区域技术管理水平直接相关。从表5-4可以看出,全国绿色低碳纯技术创新效率的均值为0.426,存在0.574的改进空间。从各省区市来看,10年中,没有一个省区市始终处于前沿面,效率损失居前五的分别是青海、宁夏、内蒙古、山西和新疆。损失最大的为青海,无效率部分为0.923,最小的为海南,无效率部分为0.015,极差达0.908,说明各省区市的两极分化现象非常严重。各省区市间的变异系数为0.544,说明绿色低碳技术管理水平存在显著差异。

表5-4 2006~2015年各省区市绿色低碳纯技术创新效率的评估结果

地区	2006年	2007年	2008年	2009年	2010年	2011年	2012年	2013年	2014年	2015年	均值
北京	0.420	1.000	1.000	0.796	1.000	0.637	0.671	0.742	1.000	1.000	0.827
天津	0.442	0.450	0.481	0.497	0.583	0.553	0.601	0.702	0.814	1.000	0.612
河北	0.209	0.183	0.187	0.187	0.239	0.186	0.207	0.216	0.254	0.294	0.216
山西	0.175	0.124	0.138	0.131	0.119	0.135	0.140	0.151	0.154	0.206	0.147
内蒙古	0.190	0.167	0.127	0.108	0.158	0.108	0.129	0.117	0.116	0.156	0.138
辽宁	0.276	0.295	0.270	0.328	0.379	0.303	0.321	0.354	0.404	0.553	0.348
吉林	0.361	0.377	0.417	1.000	0.508	0.587	0.672	0.393	0.774	1.000	0.609
黑龙江	0.249	0.294	0.999	0.578	1.000	0.446	0.440	0.579	0.652	1.000	0.624
上海	1.000	0.634	0.811	0.905	1.000	0.706	0.742	0.776	0.857	1.000	0.843
江苏	0.350	0.377	0.410	0.457	0.530	0.507	0.696	0.520	0.625	1.000	0.547
浙江	0.359	0.462	0.488	0.542	0.645	0.641	0.714	0.765	0.819	1.000	0.644
安徽	0.283	0.298	0.333	0.353	0.395	0.398	0.416	0.412	0.470	1.000	0.436
福建	0.318	0.313	0.374	0.420	0.486	0.498	0.577	0.695	1.000	1.000	0.568
江西	0.244	0.238	0.222	0.222	0.324	0.244	0.290	0.353	0.402	0.499	0.304
山东	0.260	0.278	0.256	0.260	0.347	0.296	0.306	0.332	0.376	0.483	0.319
河南	0.235	0.218	0.202	0.225	0.266	0.211	0.215	0.361	0.419	0.498	0.285
湖北	0.300	0.369	0.431	0.423	0.430	0.373	0.406	0.418	0.528	0.666	0.434
湖南	0.383	0.430	0.463	0.472	0.493	0.441	0.483	0.532	0.644	1.000	0.534
广东	0.446	0.489	0.532	0.576	0.681	0.636	0.657	0.649	0.795	1.000	0.646
广西	0.344	0.343	0.326	0.341	0.352	0.304	0.296	0.336	0.373	1.000	0.402
海南	1.000	1.000	1.000	1.000	1.000	1.000	1.000	1.000	0.847	1.000	0.985

续表

地区	2006年	2007年	2008年	2009年	2010年	2011年	2012年	2013年	2014年	2015年	均值
重庆	0.269	0.304	0.329	0.387	1.000	0.451	0.482	0.503	0.620	0.868	0.521
四川	0.260	0.278	0.265	0.307	0.327	0.288	0.329	0.308	0.404	0.474	0.324
贵州	0.199	0.190	0.177	0.171	0.246	0.191	0.197	0.193	0.216	0.261	0.204
云南	0.208	0.253	0.218	0.225	0.241	0.239	0.254	0.246	0.300	0.362	0.254
陕西	0.149	0.226	0.238	0.292	0.386	0.357	0.366	0.354	0.401	0.547	0.331
甘肃	0.184	0.206	0.231	0.227	0.281	0.337	0.356	0.322	0.390	0.406	0.294
青海	0.137	0.136	0.124	0.155	0.048	0.023	0.025	0.026	0.020	0.072	0.077
宁夏	0.123	0.089	0.082	0.105	0.105	0.122	0.130	0.161	0.152	0.246	0.131
新疆	0.029	0.149	0.149	0.134	0.191	0.151	0.157	0.174	0.216	0.281	0.163
均值	0.313	0.339	0.376	0.394	0.459	0.379	0.409	0.423	0.501	0.662	0.426
变异系数	0.672	0.639	0.695	0.646	0.632	0.571	0.566	0.551	0.544	0.506	0.544

2. 地区间比较

表5-5为2006~2015年全国及东、中、西部三大地区绿色低碳纯技术创新效率的评估结果。从中可以看出，东、中、西部绿色低碳纯技术创新效率分别为0.596、0.422、0.258，呈从东到西依次递减的格局，东部高于全国平均水平，中、西部低于全国平均水平，东、西部之间的差异较大，与东、中、西部经济技术水平基本吻合。东、中、西部各省区市间的变异系数分别为0.448、0.447、0.535，呈西部第一，东部第二，中部最低的特征，各地区内部均存在发展不平衡问题，而西部最为严重，说明西部各省区市间的绿色低碳技术管理水平存在较大差异。

表5-5 2006~2015年全国及东、中、西部三大地区绿色低碳纯技术创新效率的评估结果

地区		2006年	2007年	2008年	2009年	2010年	2011年	2012年	2013年	2014年	2015年	均值
均值	全国	0.313	0.339	0.376	0.394	0.459	0.379	0.409	0.423	0.501	0.662	0.426
	东部	0.462	0.498	0.528	0.543	0.626	0.542	0.590	0.614	0.708	0.848	0.596
	中部	0.278	0.294	0.401	0.426	0.442	0.354	0.383	0.400	0.505	0.734	0.422
	西部	0.190	0.213	0.206	0.223	0.303	0.234	0.247	0.249	0.292	0.425	0.258

续表

地区		2006年	2007年	2008年	2009年	2010年	2011年	2012年	2013年	2014年	2015年	均值
变异系数	全国	0.672	0.639	0.695	0.646	0.632	0.571	0.566	0.551	0.544	0.506	0.544
	东部	0.598	0.555	0.544	0.482	0.435	0.417	0.390	0.380	0.362	0.314	0.448
	中部	0.246	0.338	0.673	0.646	0.586	0.418	0.435	0.322	0.379	0.424	0.447
	西部	0.441	0.362	0.398	0.438	0.836	0.545	0.540	0.532	0.578	0.676	0.535

（三）绿色低碳规模效率

利用前文计算出的绿色低碳综合创新效率和绿色低碳纯技术创新效率即可求得各区域的绿色低碳规模效率。2006~2015年各省区市绿色低碳规模效率的评估结果如表5-6所示。

表5-6　2006~2015年各省区市绿色低碳规模效率的评估结果

地区	2006年	2007年	2008年	2009年	2010年	2011年	2012年	2013年	2014年	2015年	均值
北京	0.928	0.581	0.780	0.981	1.000	0.952	0.925	0.945	1.000	1.000	0.909
天津	0.871	0.911	0.862	0.852	0.900	0.665	0.680	0.629	0.596	0.586	0.755
河北	0.679	0.750	0.967	0.926	0.952	0.950	0.897	0.835	0.851	0.876	0.868
山西	0.706	0.682	0.843	0.795	0.865	0.977	0.992	0.937	0.983	0.928	0.871
内蒙古	0.533	0.517	0.630	0.727	0.661	0.970	0.965	0.999	0.987	0.988	0.798
辽宁	0.799	0.838	0.885	0.883	0.890	0.928	0.948	0.878	0.863	0.879	0.879
吉林	0.949	0.890	0.910	0.583	0.972	0.975	0.993	0.908	0.992	1.000	0.917
黑龙江	0.840	0.830	0.279	0.536	0.356	0.738	0.830	0.694	0.654	1.000	0.676
上海	1.000	0.971	0.949	0.955	1.000	0.823	0.780	0.771	0.812	1.000	0.906
江苏	0.752	0.755	0.766	0.734	0.776	0.746	0.832	0.610	0.618	0.760	0.735
浙江	0.696	0.677	0.597	0.530	0.610	0.566	0.571	0.625	0.726	1.000	0.660
安徽	0.787	0.792	0.804	0.779	0.793	0.754	0.747	0.735	0.740	1.000	0.793
福建	0.785	0.700	0.570	0.524	0.554	0.445	0.438	0.348	0.256	0.334	0.496
江西	0.695	0.638	0.580	0.668	0.678	0.701	0.711	0.576	0.560	0.519	0.633
山东	0.694	0.709	0.744	0.689	0.751	0.692	0.710	0.644	0.655	0.709	0.700
河南	0.565	0.596	0.735	0.735	0.727	0.756	0.818	0.459	0.427	0.464	0.628
湖北	0.829	0.865	0.923	0.906	0.877	0.821	0.834	0.798	0.756	0.706	0.831

续表

地区	2006年	2007年	2008年	2009年	2010年	2011年	2012年	2013年	2014年	2015年	均值
湖南	0.856	0.885	0.891	0.855	0.909	0.823	0.825	0.775	0.739	1.000	0.856
广东	0.515	0.459	0.562	0.615	0.635	0.671	0.705	0.469	0.468	0.484	0.558
广西	0.685	0.663	0.626	0.655	0.691	0.639	0.662	0.687	0.807	1.000	0.712
海南	1.000	1.000	1.000	1.000	1.000	0.658	1.000	1.000	0.611	1.000	0.927
重庆	0.919	0.955	0.904	0.912	0.519	0.889	0.852	0.728	0.716	0.622	0.802
四川	0.847	0.809	0.812	0.813	0.843	0.883	0.934	0.853	0.833	0.851	0.848
贵州	0.641	0.650	0.757	0.794	0.758	0.906	0.866	0.980	0.989	0.903	0.824
云南	0.674	0.657	0.751	0.835	0.954	0.954	0.991	0.993	1.000	0.986	0.879
陕西	0.978	0.882	0.980	0.970	0.951	0.985	0.938	0.958	0.971	0.933	0.955
甘肃	0.875	0.903	0.980	0.984	0.961	0.991	0.979	0.995	0.999	0.960	0.963
青海	0.577	0.588	0.654	0.694	0.963	0.872	0.786	0.829	0.770	0.716	0.745
宁夏	0.716	0.533	0.644	0.643	0.670	0.879	0.914	0.902	0.930	1.000	0.783
新疆	0.996	0.616	0.710	0.807	0.682	0.821	0.973	0.972	0.946	0.996	0.852
均值	0.780	0.743	0.770	0.779	0.797	0.814	0.837	0.784	0.775	0.840	0.792
变异系数	0.182	0.197	0.214	0.185	0.208	0.173	0.165	0.230	0.251	0.238	0.149

1. 区域间比较

区域绿色低碳规模效率是在考虑能源环境约束后，衡量区域现有创新规模与最优规模之间差距的指标。从表5-6可以看出，全国绿色低碳规模效率的均值为0.792，存在0.208的改进空间。从各省区市来看，10年中，所有区域均存在效率损失，排在前五的分别是福建、广东、河南、江西和黑龙江，均位于东、中部地区。效率损失最大的为福建，无效率部分为0.564，最小的为甘肃，无效率部分为0.031，极差达0.533，说明各省区市的绿色低碳创新规模也存在一定的两极分化。各省区市的变异系数为0.149，说明绿色低碳创新规模总体较均衡。

2. 地区间比较

表5-7为2006~2015年全国及东、中、西部三大地区绿色低碳规模效率的评估结果。从中可以看出，东、中、西部绿色低碳规模效率分别为0.763、0.776、0.833，与绿色低碳综合创新效率和纯技术创新效率相比，

三大地区的规模效率均较高。东、中、西部绿色低碳规模效率呈从东到西依次递增的格局,西部高于全国平均水平,东、中部低于全国平均水平,但东、中、西部之间的差异不大。东、中、西部各省区市间的变异系数分别为0.237、0.204、0.155,均在0.3以下,说明各省区市间的绿色低碳规模效率的差异较小,规模发展较平衡。

表5-7 2006~2015年全国及东、中、西部三大地区绿色低碳规模效率的评估结果

地区		2006年	2007年	2008年	2009年	2010年	2011年	2012年	2013年	2014年	2015年	均值
均值	全国	0.780	0.743	0.770	0.779	0.797	0.814	0.837	0.784	0.775	0.840	0.792
	东部	0.793	0.759	0.789	0.790	0.824	0.736	0.772	0.705	0.678	0.784	0.763
	中部	0.779	0.772	0.746	0.732	0.772	0.818	0.844	0.735	0.731	0.827	0.776
	西部	0.767	0.707	0.768	0.803	0.787	0.890	0.896	0.900	0.904	0.905	0.833
变异系数	全国	0.182	0.197	0.214	0.185	0.208	0.173	0.165	0.230	0.251	0.238	0.149
	东部	0.188	0.215	0.203	0.227	0.203	0.222	0.222	0.285	0.304	0.297	0.237
	中部	0.153	0.152	0.295	0.176	0.251	0.129	0.121	0.218	0.263	0.278	0.204
	西部	0.211	0.218	0.176	0.147	0.198	0.111	0.112	0.124	0.114	0.141	0.155

(四)三大效率的比较

从三大效率的均值来看,在全国总体上,绿色低碳规模效率最高,纯技术创新效率次之,综合创新效率最低,说明各省区市创新的非有效性主要来自技术效率而非规模效率。从变异系数来看,绿色低碳综合创新效率最高,绿色低碳纯技术创新效率次之,绿色低碳规模效率最低,说明各省区市间无效率的差异主要源于技术水平的差异。分省区市来看,只有福建、广东和海南的绿色低碳纯技术创新效率高于规模效率,说明这3个省的规模效率改进空间较大,其余省区市均为规模效率高于纯技术效率,说明大部分省区市无效率的原因均来自技术无效率。

分地区来看,东、中、西部的绿色低碳规模效率均大于绿色低碳纯技术创新效率,说明造成各省区市无效率的主要原因均为技术无效,而非规

模无效。各地区内部各省区市间的变异系数均为纯技术效率大于规模效率,可见绿色低碳技术与管理水平的差异是造成三大地区内部省区市间差异的主要原因。

四、绿色低碳创新效率的动态演变

为了清楚地呈现区域绿色低碳创新效率的动态变化趋势,本书选择2006~2015年的数据,对各省区市绿色低碳创新三大效率的均值和变异系数进行了分析。图5-1为2006~2015年各省区市绿色低碳创新效率的均值趋势。从中可以看出,三大效率总体上均呈上升趋势,绿色低碳规模效率始终高于绿色低碳纯技术创新效率,说明10年中技术无效性始终是造成绿色低碳创新无效率的主要原因,但纯技术创新效率的提升速度远远高于规模效率的提升速度,说明技术无效问题的改善速度大于规模无效的改善速度。

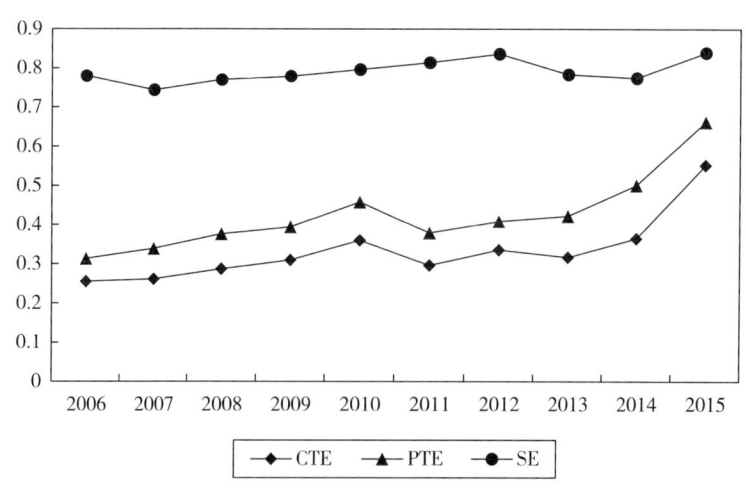

图5-1 2006~2015年各省区市绿色低碳创新效率的均值趋势

图 5-2 为 2006~2015 年各省区市绿色低碳创新效率的变异系数趋势。从中可以看出，绿色低碳综合技术创新效率和纯技术创新效率的变异系数均呈波动下降趋势，规模效率的变异系数则呈波动上升趋势，说明各省区市间绿色低碳纯技术创新效率的差距有收敛趋势，规模水平的差距有扩大趋势。但绿色低碳纯技术创新效率的变异系数始终远大于规模效率的变异系数，说明各省区市间技术水平的差异始终大于规模水平的差异。

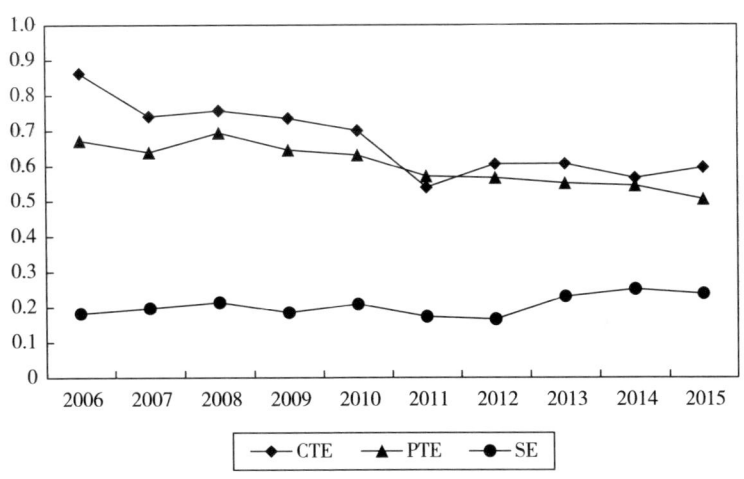

图 5-2　2006~2015 年各省区市绿色低碳创新效率的变异系数趋势

五、绿色低碳创新潜力分析

（一）绿色低碳创新潜力测度模型

由 DEA 方法的相关理论可知，位于前沿面的 DMU 为最优决策单元，其效率值为 1.0。若所研究的 DMU 非最优决策单元，则其与前沿面存在距离，即该 DMU 存在效率损失。对于效率是如何损失的，Cooper 等（2007）通过对决策单元与最优决策单元相比较，得出期望产出不足率和投入、非期望产出冗余率，为确定各决策单元的效率损失以及未来的改善方向提供了依据。非径向、非角度的 SBM 模型不仅能测算评价单元的创新效率，还可以对各指标的冗余状况进行测度，了解区域创新资源的配置状况，探索造成效率损失的原因。如果 $\rho^*=1$，即 $s^-=s^g=s^b=0$ 时，被评价的决策单元是有效的；如果 $\rho^*<1$，说明决策单元存在效率损失（创新无效率），可以通过对投入与产出的调整进行改进，其改进的幅度由松弛变量占各自投入和产出的比例来确定。创新无效率可分解为投入无效率和产出无效率，其计算公式如下：

投入无效率（投入冗余率）：

$$IE_x = \frac{1}{m}\sum_{i=1}^{m}\frac{s_i^-}{x_{ij}} \qquad (5-2)$$

非期望产出无效率（非期望产出冗余率）：

$$IE_b = \frac{1}{s_2}\sum_{u=1}^{s_2}\frac{s_u^b}{y_{uj}^b} \qquad (5-3)$$

期望产出无效率（期望产出不足率）：

$$IE_g = \frac{1}{s_1}\sum_{r=1}^{s_1}\frac{s_r^g}{s_{rj}^g} \qquad (5-4)$$

式（5-1）表示决策单元所有投入要素的平均冗余率，即所有投入要素可缩减比例的平均值，$\frac{s_i^-}{x_{ij}}$ 表示第 j 个决策单元的第 i 种投入的冗余率，即第 i 种投入要素可缩减的比例。式（5-2）表示决策单元所有非期望产出的平均冗余率，$\frac{s_u^b}{y_{uj}^b}$ 表示第 j 个决策单元的第 u 种非期望产出的冗余率。式（5-3）表示决策单元所有期望产出的平均不足率，即所有期望产出可增加比例的平均值，$\frac{s_r^g}{y_{rj}^g}$ 表示第 j 个决策单元的第 r 种期望产出的不足率，即第 i 种期望产出可增加的比例。

（二）绿色低碳综合创新潜力分析

根据 DEA 方法中冗余率的相关理论，对各省区市绿色低碳创新效率中各指标的冗余率进行计算，并将结果作算数平均，得到 10 年间的平均冗余率。表 5-8~表 5-11 分别为 2006~2015 年考虑能源与环境约束下的各省区市及各地区绿色低碳综合创新和绿色低碳纯技术创新活动的各评价指标的投入、非期望产出的冗余率和期望产出的不足率的均值。

表 5-8 2006~2015 年各省区市绿色低碳综合创新效率中投入产出无效率的分解

单位:%

地区	lab	cap	ei	ci	epi	pap	lat	pro
北京	18.65	16.00	16.87	13.98	10.36	0.00	51.96	0.00
天津	58.56	22.92	40.32	34.15	63.81	0.00	59.65	0.00
河北	71.75	58.54	86.20	88.75	96.83	3.91	7.07	0.00
山西	75.93	65.97	86.22	84.65	97.84	4.58	0.00	99.99
内蒙古	82.62	60.27	73.37	71.87	98.83	0.52	0.00	3.00
辽宁	52.75	20.19	79.51	79.01	96.78	0.00	112.96	0.00
吉林	26.21	0.59	34.25	39.76	43.57	0.00	127.58	96.64
黑龙江	36.46	4.36	56.55	47.45	76.26	0.00	154.93	178.59
上海	20.41	4.82	12.78	9.91	39.45	0.51	21.59	0.00
江苏	65.10	18.32	47.99	43.09	90.00	5.85	60.77	1.09
浙江	61.27	31.58	39.75	26.86	82.17	15.03	32.51	0.00
安徽	55.12	17.62	61.50	65.52	86.54	1.60	206.15	0.00
福建	76.61	49.69	58.99	59.60	97.52	11.92	83.19	0.00
江西	75.81	53.39	79.33	80.99	98.53	0.00	108.87	0.00
山东	73.80	49.82	73.34	73.20	98.47	23.16	44.68	0.00
河南	79.75	62.01	83.71	82.82	98.11	3.88	9.79	0.00
湖北	48.99	7.64	63.53	70.62	90.70	0.00	175.67	0.00
湖南	44.68	1.21	54.96	52.77	84.07	0.00	100.62	0.00
广东	64.75	22.06	47.90	35.43	92.50	122.45	0.98	0.00
广西	68.23	45.49	65.65	67.59	87.81	9.00	8.55	0.00
海南	8.18	0.00	8.72	9.53	5.57	4.43	0.00	0.00

续表

地区	lab	cap	ei	ci	epi	pap	lat	pro
重庆	55.59	20.60	52.76	47.65	92.32	0.00	91.74	0.00
四川	60.38	29.29	78.34	76.97	96.93	1.16	112.85	0.00
贵州	65.65	46.82	78.31	80.19	94.02	65.41	0.00	199.98
云南	60.71	41.33	75.67	77.52	95.35	2.14	2.08	149.12
陕西	29.42	10.02	32.90	41.51	75.65	0.00	188.22	483.89
甘肃	29.86	6.45	49.84	45.02	75.81	0.00	301.98	402.36
青海	60.98	48.65	50.74	39.28	91.81	2.77	7.78	599.94
宁夏	78.57	58.39	82.91	81.51	87.29	63.66	0.00	199.98
新疆	66.88	57.55	87.24	85.38	96.53	1.47	3.51	177.57
全国均值	55.79	31.05	58.67	57.09	81.37	11.45	69.19	96.31
变异系数	0.36	0.71	0.38	0.42	0.31	2.32	1.12	1.67

1. 区域间比较

表5-8为2006~2015年各省区市绿色低碳综合创新效率中投入产出无效率的分解情况。投入无效率可分解为R&D人员、R&D经费和能源投入无效率。从全国平均状况来看，投入冗余率平均为48.50%，其中，人员冗余率为55.79%、经费冗余率为31.05%、能源冗余率为58.67%，可见能源投入可减少的比例最大，说明能源投入冗余是造成区域投入无效率的首要原因，R&D人员投入次之，经费投入位居第三。分省区市来看，30个省区市无一不存在人员投入冗余，最多的为河南，最少的为海南；除海南外，其余29个省区市均存在经费投入冗余，冗余最多的为山西。能源投入冗余是反映区域节能潜力的重要指标，各省区市均存在能源冗余，中、西部区域更为严重，冗余最多的为新疆。从变异系数来看，经费投入的变异系数最大，说明各省区市间经费投入的差异最大。

非期望产出无效率可分解为碳排放和"三废"排放无效率，它是反映区域减排潜力的重要指标。从全国平均状况来看，非期望产出冗余率平均为69.23%，其中，碳排放冗余率为57.09%、环境污染冗余率为81.37%，可见环境污染冗余远大于碳排放冗余。分省区市来看，各省区市均存在碳排放和环境污染冗余，碳排放冗余最多的是河北，环境污染冗余最多的是内蒙古。从变异系数来看，非期望产出冗余率的区域差异相对较小，说明它是各省区市普遍存在的问题。

期望产出无效率可分解为科技论文、发明专利和新产品产出无效率。从全国平均状况来看，期望产出无效率平均为58.98%，其中，科技论文不足率为11.45%、发明专利不足率为69.19%、新产品产出不足率为96.31%。新产品产出在无效率来源分解中贡献率最大，说明新产品产出不足是造成期望产出无效率的最主要原因，其次是发明专利不足，科技论文位居第三。分省区市来看，有19个省区市存在科技论文产出不足，不足率最高的是广东；有25个省区市存在发明专利不足，不足率最高的是甘肃；有12个省区市存在新产品产出不足现象，不足率最高的是青海。从变异系数可以看出，三项期望产出均呈现出显著的区域差异。

综上所述，区域绿色低碳综合创新活动中存在严重的资源配置不合理现象。从投入产出来看，造成区域绿色低碳创新无效率的首要原因是非期望产出无效率，其次是期望产出无效率，最后是投入无效率。分要素来看，按投入产出无效率大小的排序分别为新产品产出不足、环境污染冗余、发明专利不足、能源投入冗余、碳排放冗余、R&D人员投入冗余、R&D经费投入冗余和科技论文产出不足。按变异系数大小的排序分别为科技论文产出不足、新产品产出不足、发明专利产出不足、R&D经费投入冗余、碳排放冗余、能源投入冗余、R&D人员投入冗余和环境污染冗余。

2. 地区间比较

表5-9为2006~2015年全国及东、中、西部三大地区绿色低碳综合创新效率中投入产出无效率的分解。总体来看，东、中、西部无效率的原因各不相同，东部无效率的主要原因是环境污染和R&D人员投入冗余，中部是发明专利产出不足和环境污染冗余，西部是新产品产出不足和环境污染冗余。具体来看，东部无效率的原因依次为环境污染冗余、人员投入冗余、能源投入冗余、发明专利产出不足、碳排放冗余、经费投入冗余、科技论文产出不足和新产品产出不足，中部依次为专利产出不足、环境污染冗余、碳排放冗余、能源投入冗余、人员投入冗余、新产品产出不足、

经费投入冗余和科技论文产出不足，西部依次为新产品产出不足、环境污染冗余、能源投入冗余、专利产出不足、碳排放冗余、人员投入冗余、经费投入冗余和科技论文产出不足。可见各地区投入产出无效率的原因并不相同，各地区应根据自身实际有针对性地进行改进。

表 5-9　2006~2015 年全国及东、中、西部三大地区绿色低碳综合创新效率中投入产出无效率的分解

地区		lab	cap	ei	ci	epi	pap	lat	pro
均值（%）	全国	55.79	31.05	58.67	57.09	81.37	11.45	69.19	96.31
	东部	51.98	26.72	46.58	43.05	70.32	17.02	43.21	0.10
	中部	55.37	26.60	65.01	65.57	84.43	1.26	110.45	46.91
	西部	59.90	38.62	66.16	64.95	90.21	13.28	65.16	228.44
变异系数	全国	0.364	0.708	0.384	0.421	0.306	2.323	1.117	1.673
	东部	0.470	0.706	0.571	0.658	0.508	2.100	0.823	3.317
	中部	0.361	1.080	0.269	0.263	0.217	1.531	0.668	1.478
	西部	0.283	0.498	0.260	0.275	0.089	1.917	1.544	0.882

（三）绿色低碳纯技术创新潜力分析

为了进一步探索造成各省区市绿色低碳纯技术创新无效率的原因，本书分别对各省区市各投入产出指标的冗余率和不足率进行了测度，结果如表 5-10 所示。

表 5-10　2006~2015 年各省区市绿色低碳纯技术创新效率中投入产出无效率的分解

单位：%

地区	lab	cap	ei	ci	epi	pap	lat	pro
北京	13.06	11.99	8.19	4.72	10.14	0.31	32.76	11.59
天津	38.50	10.18	16.15	8.64	43.36	14.39	74.99	25.93
河北	62.79	45.56	46.79	55.34	96.94	3.66	18.22	502.71
山西	68.54	58.03	70.81	68.29	97.79	4.06	5.08	538.31

续表

地区	lab	cap	ei	ci	epi	pap	lat	pro
内蒙古	69.89	43.16	59.59	56.25	97.94	75.12	27.05	826.71
辽宁	46.56	15.37	31.91	23.76	96.63	0.00	114.94	308.25
吉林	22.65	0.40	25.32	31.67	36.95	0.00	111.24	96.69
黑龙江	13.14	2.04	18.28	1.06	39.39	0.00	115.69	221.37
上海	13.49	1.72	5.91	1.17	21.70	1.90	27.95	5.90
江苏	50.89	7.23	9.58	0.19	76.19	11.06	74.93	96.44
浙江	24.18	1.68	14.93	0.00	57.47	37.77	92.09	36.20
安徽	49.00	12.87	12.81	20.14	85.77	1.06	202.55	181.60
福建	19.87	0.00	0.40	1.92	65.44	84.82	310.52	44.27
江西	51.91	30.62	7.91	12.60	96.89	52.28	243.75	387.10
山东	64.75	42.99	22.67	18.22	96.73	22.40	49.12	225.45
河南	57.32	31.43	29.56	23.49	94.66	25.20	75.87	430.12
湖北	42.33	4.74	19.89	31.48	88.91	0.00	172.97	148.95
湖南	37.84	0.06	26.25	20.08	82.52	0.00	94.46	78.02
广东	23.13	0.00	13.11	0.00	58.01	82.70	49.20	30.32
广西	56.04	28.79	18.87	22.80	86.50	32.26	36.74	218.73
海南	0.39	0.46	0.00	0.30	1.69	2.02	0.03	3.83
重庆	41.13	18.26	31.82	23.30	77.53	0.00	84.06	28.16
四川	52.54	23.41	31.96	22.73	95.93	0.40	115.73	297.19
贵州	54.01	35.94	64.58	67.61	96.08	62.24	0.00	516.24
云南	48.28	30.09	41.63	48.58	94.79	1.27	2.43	595.21
陕西	30.45	9.40	40.30	48.06	77.31	0.00	192.66	425.74
甘肃	30.79	4.58	56.83	52.79	77.35	0.00	302.25	378.91
青海	68.20	54.27	70.11	63.46	92.15	13.35	7.83	861.66
宁夏	74.56	51.21	79.82	76.25	95.27	60.58	0.00	532.52
新疆	46.07	35.69	60.28	57.27	96.88	0.81	25.90	865.46
均值	42.41	20.41	31.21	28.74	74.50	19.66	88.70	297.32
变异系数	0.46	0.92	0.73	0.85	0.38	1.42	0.99	0.89

1. 区域间比较

表5-10为2006~2015年各省区市绿色低碳纯技术创新效率中投入产出无效率的分解情况。从投入来看，30个省区市无一不存在人员投入冗余，冗余率最高的为内蒙古，达69.89%，最低的为海南，只有0.39%；除福建和广东外，其余28个省区市均存在经费投入冗余，冗余率最高的为山西，达58.03%；除海南外，29个省区市均存在能源冗余，尤其是中、西部地区，存在严重的能源冗余，冗余率最高的为宁夏，达79.82%。从变异系数来看，3项投入指标中，经费投入冗余率的变异系数最大。从非期望产出来看，除浙江和广东外，其余28个省区市均存在碳排放冗余，冗余率最高的是宁夏，达76.25%；30个省区市均存在环境污染冗余，冗余率最高的是内蒙古，达97.94%。从变异系数来看，碳排放冗余率的差异大于环境污染的差异。从期望产出来看，有22个省区市存在科技论文不足，不足率最高的是福建，达84.82%；除贵州和宁夏外，其余28个省区市均存在发明专利不足现象，不足率最高的是福建，达310.52%；30个省区市均存在新产品产出不足，不足率最高的是新疆，达865.46%。从变异系数来看，3项期望产出的区域差异都非常显著，其中，新产品产出的失衡现象更为严重。

综上所述，区域绿色低碳纯技术创新活动中存在严重的资源配置不合理现象。从投入产出来看，造成区域绿色低碳创新无效率的首要原因是期望产出无效率，其次是非期望产出无效率，最后是投入无效率。分要素来看，按投入产出无效率大小的排序分别为新产品产出不足、发明专利不足、环境污染冗余、R&D人员投入冗余、能源投入冗余、碳排放冗余、R&D经费投入冗余和科技论文不足。按变异系数大小的排序分别为科技论文不足、发明专利产出不足、R&D经费投入冗余、新产品产出不足、碳排放冗余、能源投入冗余、R&D人员投入冗余和环境污染冗余。

2. 地区间比较

表5-11为2006~2015年全国及东、中、西部三大地区绿色低碳纯技术创新效率中投入产出无效率的分解。从全国平均状况来看，投入冗余率

平均为31.34%，其中，人员冗余率为42.41%、经费冗余率为20.41%、能源冗余率为31.21%，R&D人员投入可减少的比例最大，说明R&D人员投入冗余是造成投入无效率的首要原因，能源投入次之，经费投入位居第三。非期望产出冗余率平均为51.62%，其中，碳排放冗余率为28.74%、环境污染冗余率为74.50%，环境污染冗余远大于碳排放冗余。期望产出不足率平均为135.23%，其中，科技论文不足率为19.66%、发明专利不足率为88.70%、新产品产出不足率为297.32%。新产品产出在无效率来源分解中贡献率最大，说明新产品产出不足是造成期望产出无效率的最主要原因，其次是发明专利不足，科技论文位居第三。分地区来看，东、中、西部无效率的首要原因均为新产品产出不足。东部无效率的原因依次为新产品产出不足、专利产出不足、环境污染冗余、人员投入冗余、科技论文产出不足、能源投入冗余、经费投入冗余和碳排放冗余；中部依次为新产品产出不足、专利产出不足、环境污染冗余、人员投入冗余、能源投入冗余、碳排放冗余、经费投入冗余和科技论文产出不足；西部依次为新产品产出不足、环境污染冗余、专利产出不足、人员投入冗余、能源投入冗余、碳排放冗余、经费投入冗余和科技论文产出不足。各地区投入产出无效率的原因不尽相同，说明各地区应根据自身实际有针对性地进行改进。

表5-11 2006~2015年全国及东、中、西部三大地区绿色低碳纯技术创新效率中投入产出无效率的分解

地区		lab	cap	ei	ci	epi	pap	lat	pro
均值 (%)	全国	42.41	20.41	31.21	28.74	74.50	19.66	88.70	297.32
	东部	32.51	12.47	15.42	10.39	56.75	23.73	76.80	117.35
	中部	42.84	17.52	26.35	26.10	77.86	10.33	127.70	260.27
	西部	52.00	30.44	50.52	49.01	89.79	22.37	72.24	504.23
变异 系数	全国	0.464	0.918	0.732	0.851	0.379	1.418	0.988	0.893
	东部	0.661	1.331	0.907	1.632	0.607	1.341	1.101	1.378
	中部	0.424	1.187	0.734	0.756	0.322	1.842	0.595	0.653
	西部	0.285	0.523	0.372	0.380	0.095	1.334	1.345	0.541

六、绿色低碳创新效率与传统创新效率的比较

为了进一步分析区域绿色低碳创新的成效，本书对考虑能源和环境约束下的绿色低碳创新效率与传统创新效率进行了比较。

（一）区域间比较

表5-12为2006~2015年各省区市绿色低碳创新效率与传统创新效率的比较。分区域来看，绿色低碳综合创新效率比传统综合创新效率提升的省区市只有海南1个，其余省区市均出现了不同程度的下降；绿色低碳纯技术创新效率提升的省市有6个，分别是海南、北京、天津、浙江、福建和广东，均为东部地区，其余24个省区市均出现了不同程度的下降；绿色低碳规模效率提升的省区市有11个，分别是河北、上海、海南、山西、内蒙古、贵州、云南、甘肃、青海、宁夏和新疆，大部分为中、西部地区，其余19个省区市均出现了不同程度的下降。可见考虑能源和环境约束后，只有少数地区的绿色低碳创新效率有所提高，大部分地区均为下降，说明大多数省区市的绿色低碳发展水平均较低，造成这一现象的原因与中国区域粗放式的经济发展方式密切相关。从全国的均值来看，绿色低碳创新效率与传统创新效率相比均明显下降，其中，绿色低碳综合创新效率、纯技术创新效率和传统规模效率的均值分别下降31.98%、26.30%和6.27%，说明区域的绿色低碳发展水平均不高。从变异系数来看，绿色低碳综合技术创新效率和纯技术创新效率分别上升66.85%和99.27%，规模效率的变异系数下降88.40%。

表5-12 2006~2015年各省区市绿色低碳创新效率与传统创新效率的比较

地区	绿色低碳创新效率			传统创新效率		
	CTE	PTE	SE	CTE	PTE	SE
北京	0.746	0.827	0.909	0.769	0.775	0.992
天津	0.445	0.612	0.755	0.528	0.559	0.949
河北	0.188	0.216	0.868	0.356	0.467	0.758
山西	0.129	0.147	0.871	0.275	0.368	0.732
内蒙古	0.107	0.138	0.798	0.240	0.475	0.513
辽宁	0.307	0.348	0.879	0.564	0.599	0.939
吉林	0.550	0.609	0.917	0.817	0.849	0.964
黑龙江	0.392	0.624	0.676	0.681	0.733	0.924
上海	0.770	0.843	0.906	0.786	0.863	0.913
江苏	0.403	0.547	0.735	0.525	0.572	0.929
浙江	0.438	0.644	0.660	0.460	0.511	0.921
安徽	0.358	0.436	0.793	0.568	0.606	0.943
福建	0.248	0.568	0.496	0.332	0.376	0.878
江西	0.188	0.304	0.633	0.302	0.392	0.759
山东	0.223	0.319	0.700	0.350	0.381	0.914
河南	0.168	0.285	0.628	0.288	0.397	0.726
湖北	0.357	0.434	0.831	0.615	0.632	0.971
湖南	0.462	0.534	0.856	0.651	0.680	0.960
广东	0.359	0.646	0.558	0.488	0.536	0.912
广西	0.306	0.402	0.712	0.449	0.587	0.749
海南	0.918	0.985	0.927	0.698	0.945	0.742
重庆	0.387	0.521	0.802	0.554	0.598	0.948
四川	0.275	0.324	0.848	0.497	0.531	0.934
贵州	0.169	0.204	0.824	0.361	0.497	0.713
云南	0.227	0.254	0.879	0.460	0.597	0.754
陕西	0.316	0.331	0.955	0.699	0.718	0.969
甘肃	0.285	0.294	0.963	0.669	0.735	0.908
青海	0.052	0.077	0.745	0.208	0.397	0.513
宁夏	0.108	0.131	0.783	0.232	0.365	0.597
新疆	0.139	0.163	0.852	0.312	0.609	0.517
均值	0.334	0.426	0.792	0.491	0.578	0.845
变异系数	0.609	0.544	0.149	0.365	0.273	1.285

综上所述，不考虑能源环境约束的创新效率的评价，既可能会高估各省区市的创新活动的绩效，也可能会高估或低估各省区市绿色低碳创新的差异性，不能正确反映区域绿色低碳创新活动的真实状况，甚至可能会误导政策的制定。

（二）地区间比较

表5-13为2006~2015年全国及东、中、西部三大地区绿色低碳创新效率与传统创新效率的比较。从中可以看出，东、中、西部传统创新效率分别为0.532、0.524、0.426，考虑能源环境约束后，三大地区均为下降，西部下降幅度最大，说明西部的绿色低碳资源配置能力最低。东、中、西部各省区市间传统综合创新效率的变异系数分别为0.344、0.424、0.434，考虑能源和环境约束后，三大地区均为上升，可见考虑能源和环境约束后，各地区省区市间的差异变大，不平衡状况加重。

表5-13 2006~2015年全国及东、中、西部三大地区绿色低碳创新效率与传统创新效率的比较

地区		绿色低碳创新效率			传统创新效率		
		CTE	PTE	SE	CTE	PTE	SE
均值	全国	0.334	0.426	0.792	0.491	0.578	0.845
	东部	0.458	0.596	0.763	0.532	0.599	0.895
	中部	0.326	0.422	0.776	0.524	0.582	0.872
	西部	0.609	0.544	0.149	0.365	0.273	0.738
变异系数	全国	0.670	0.602	0.204	0.407	0.315	1.285
	东部	0.584	0.448	0.237	0.344	0.351	0.112
	中部	0.476	0.447	0.204	0.424	0.334	0.137
	西部	0.534	0.535	0.155	0.434	0.262	0.269

东、中、西部传统纯技术创新效率分别为0.599、0.582、0.555，考虑能源与环境约束后，三大地区均为下降，西部下降幅度最大，说明西部

的绿色低碳技术管理水平较低。东、中、西部省区市间传统纯技术创新效率的变异系数分别为 0.351、0.334、0.262，考虑能源和环境约束后，三大地区均整体上提高，可见考虑能源与环境约束后，各地区省区市间的差距均拉大，不平衡状况加重，且西部的失衡变得更为严重，说明西部地区各省区市间的绿色低碳技术管理水平的差异更大。

东、中、西部传统规模效率分别为 0.895、0.872、0.738，考虑能源与环境约束后，东、中部均下降，西部为提高，说明西部的绿色低碳规模水平较高。东、中、西部各省区市间的变异系数分别为 0.112、0.137、0.269，考虑能源与环境约束后，东、中部地区的变异系数均为提高，西部为下降，可见考虑能源与环境约束后，东、中部地区各省区市间的差异变大，不平衡状况加重，西部的差异变小，说明西部地区各省区市间的绿色低碳规模水平的差异较小。

七、本章小结

根据 DEA 方法的模型假设，投入不仅会产生期望产出，还会带来非期望产出。本章首先从创新投入、能源投入、期望产出和非期望产出四个方面构建了区域绿色低碳创新效率的评估指标体系；其次，采用包含非期望产出的 SBM 模型，基于共同前沿分析方法，对中国 30 个省区市的绿色低碳综合创新效率和绿色低碳纯技术创新效率进行了评估，并分东、中、西部分别对其综合创新效率、纯技术创新效率和规模效率进行了静态和动态的比较；再次，对区域绿色低碳创新效率的动态演变规律进行了探索；又次，对区域绿色低碳创新投入产出指标的冗余率和不足率进行了测算，对各省区市的绿色低碳创新潜力和改进空间进行了分析；最后，对绿色低碳创新效率与传统创新效率进行了比较。研究发现，区域绿色低碳规模效率普遍较低，两极分化现象严重，区域绿色低碳综合创新效率和纯技术创新效率的差异显著，而规模水平的差异较小；10年中，绿色低碳三大效率均呈上升趋势，纯技术创新效率的提升速度远高于规模效率的提升速度；绿色低碳综合创新效率和纯技术创新效率的差异有收敛趋势，规模效率的差异有扩大趋势，绿色低碳技术水平的差异大于规模水平的差异；区域无效率的原因主要来自技术无效率，而非规模无效率；考虑资源环境约束后，大多数地区的绿色低碳创新效率均下降，说明绿色低碳发展水平较低；不考虑能源和环境约束时，造成西部地区创新效率差异的主要原因主要是规模水平的差异，而不是技术水平的差异，而考虑能源与环境约束后，各地区绿色低碳创新效率低的主要原因均为技术水平，而非规模水平。造成区域绿色低碳综合创新无效率的首要原因是非期望产出无效率，而造成区域绿色低碳纯技术创新无效率的首要原因是期望产出无效率，分要素来看，其首要原因均为新产品产出不足。说明加强绿色低碳转型和提高科技成果转化能力是提高各省区市绿色低碳创新效率的重要途径。

第六章
区域工业企业绿色低碳创新效率评估

一、模型构建与指标选取

(一) 模型构建与指标选取

1. 传统创新效率

工业企业传统创新效率的评估仍然采用传统的 DEA 模型进行评估。传统创新效率的创新投入指标分别采用规上工业企业 R&D 经费内部支出和规上工业企业 R&D 人员全时当量来表示。创新产出指标用区域规上工业企业有效发明专利数和规上工业企业新产品销售收入来衡量。工业企业传统创新效率评估指标体系如表 6-1 所示。

表 6-1 工业企业传统创新效率评估指标体系

指标分类	变量	指标	英文	指标定义及说明
创新投入	资本	R&D 经费内部支出	cap	规上工业企业 R&D 经费内部支出
	劳动	R&D 人员全时当量	lab	规上工业企业 R&D 人员全时当量

续表

指标分类	变量	指标	英文	指标定义及说明
创新产出	发明专利	有效发明专利数	lat	规上工业企业有效发明专利数
	新产品	新产品销售收入	pro	规上工业企业新产品销售收入

2. 绿色低碳创新效率

工业企业绿色低碳创新效率的评估仍然采用 SBM 模型进行评估。在选择创新投入变量时除了考虑一般创新活动的劳动和资金要素的投入外，还加入了能源这一重要的生产要素，分别用 R&D 经费内部支出、R&D 人员全时当量以及能源强度来表示。能源强度的计算公式为：能源强度 = 工业能源消费总量/工业增加值。其中，工业能源消费总量的计算采用《中国能源统计年鉴》中各区域能源平衡表中工业部门九类能源（煤炭、焦炭、柴油、汽油、燃料油、煤油、天然气、原油、电力）的终端消费量折算成标准煤，然后加总得到，工业增加值以 2000 年为基期进行平减。在选择创新产出指标时，除了考虑期望产出外，还考虑了生产活动过程中的非期望产出，期望产出分别用有效发明专利数和新产品销售收入来衡量，非期望产出分别用代表低碳效应的碳排放强度和代表环境效应的环境污染指数来衡量。工业企业绿色低碳创新效率评估指标体系如表 6-2 所示。从现有的统计报表中不能直接获得工业企业碳排放强度和环境污染指数的数据，需要计算得到（计算方法见第三章）。

表 6-2 工业企业绿色低碳创新效率评估指标体系

指标分类	变量	指标	英文	指标定义及说明
创新投入	资本	R&D 经费内部支出	cap	规上工业企业 R&D 经费内部支出
	劳动	R&D 人员全时当量	lab	规上工业企业 R&D 人员全时当量
	能源	能源强度	ei	工业能源消费总量/工业增加值
期望产出	发明专利	有效发明专利数	lat	规上工业企业有效发明专利数
	新产品	新产品销售收入	pro	规上工业企业新产品销售收入
非期望产出	碳排放	碳排放强度	ci	工业碳排放总量/工业增加值
	环境污染	环境污染指数	epi	环境污染指数

（二）数据来源

本章选取2006~2015年中国各省、自治区、直辖市（西藏及港澳台地区由于统计数据不全，暂不予考虑）规上工业企业的面板数据，主要来源于相应年度的《中国统计年鉴》、《中国科技统计年鉴》、《中国能源统计年鉴》和《中国工业统计年鉴》。由于2010年及以前《中国科技统计年鉴》中工业企业统计口径用的是大中型工业企业，所以2010年及以前规上工业企业的数据采用大中型企业的数据代替。本书研究的是效率，主要跟当年的投入产出有关，投入量和产出量可以有数据波动，但是效率一般不会随之有很大的波动，所以用大中型工业企业相关数据代替规上工业企业相关数据对本书的结果不会造成太大影响。本章同样采用共同前沿分析法，将样本期间各区域工业企业全部投入产出数据作为当期参考技术集，在全样本的共同前沿生产函数分析框架下来进行研究。

二、工业企业传统创新效率评估结果分析

（一）传统综合创新效率

首先采用投入导向的C^2R模型，对中国30个省区市工业企业的传统综合创新效率进行评估。

1. 区域间比较

表6-3为2006~2015年各省区市工业企业传统综合创新效率的评估结果。从中可以看出，各省区市传统综合创新效率普遍较低，无效率现象非常严重。10年中，只有海南共有3个年度的传统综合创新效率处于前沿面，其余省区市均没有任何一个年度的综合创新效率处于前沿面。全国10

年的均值只有0.284，存在0.716的提升空间，低于各省区市整体的传统综合创新效率，可见工业企业的效率损失大于整体的效率损失。10年中没有一个省区市始终处于前沿面，均存在效率损失，效率最高的为海南，为0.781，最低的为内蒙古，为0.120，极差达0.661，可见各省区市工业企业的传统综合创新效率存在严重的两极分化现象。10年中，变异系数的均值为0.510，说明各省区市工业企业的传统综合创新效率存在较大差异。

表6-3 2006~2015年各省区市工业企业传统综合创新效率的评估结果

地区	2006年	2007年	2008年	2009年	2010年	2011年	2012年	2013年	2014年	2015年	均值
北京	0.188	0.763	0.409	0.265	0.363	0.597	0.641	0.697	0.734	0.935	0.559
天津	0.248	0.292	0.395	0.334	0.378	0.481	0.383	0.410	0.426	0.501	0.385
河北	0.114	0.103	0.111	0.127	0.110	0.179	0.170	0.188	0.196	0.243	0.154
山西	0.099	0.075	0.077	0.080	0.099	0.135	0.167	0.217	0.234	0.284	0.147
内蒙古	0.111	0.087	0.094	0.089	0.112	0.095	0.131	0.157	0.140	0.183	0.120
辽宁	0.082	0.100	0.088	0.132	0.146	0.244	0.268	0.330	0.360	0.372	0.212
吉林	0.211	0.192	0.215	0.501	0.223	0.260	0.411	0.279	0.217	0.278	0.279
黑龙江	0.127	0.107	0.104	0.127	0.129	0.108	0.119	0.147	0.186	0.203	0.136
上海	0.300	0.236	0.246	0.504	0.356	0.547	0.498	0.562	0.680	0.746	0.468
江苏	0.157	0.201	0.180	0.191	0.186	0.325	0.362	0.353	0.423	0.460	0.284
浙江	0.228	0.213	0.214	0.183	0.220	0.380	0.246	0.251	0.265	0.271	0.247
安徽	0.104	0.115	0.298	0.154	0.225	0.374	0.379	0.421	0.573	0.682	0.332
福建	0.177	0.174	0.139	0.142	0.164	0.233	0.178	0.188	0.210	0.255	0.186
江西	0.072	0.071	0.078	0.070	0.094	0.147	0.161	0.253	0.277	0.387	0.161
山东	0.170	0.214	0.186	0.143	0.181	0.265	0.226	0.237	0.281	0.343	0.225
河南	0.113	0.094	0.117	0.146	0.106	0.155	0.132	0.167	0.171	0.203	0.140
湖北	0.160	0.135	0.148	0.184	0.185	0.278	0.239	0.275	0.338	0.422	0.236
湖南	0.232	0.260	0.192	0.629	0.626	0.508	0.361	0.367	0.460	0.567	0.420
广东	0.210	0.236	0.252	0.298	0.468	0.584	0.547	0.520	0.677	0.948	0.474
广西	0.120	0.194	0.201	0.247	0.233	0.244	0.200	0.244	0.310	0.384	0.238
海南	1.000	1.000	0.792	0.131	0.909	1.000	0.556	0.561	0.960	0.899	0.781
重庆	0.146	0.181	0.185	0.207	0.298	0.352	0.340	0.372	0.423	0.374	0.288

续表

地区	2006年	2007年	2008年	2009年	2010年	2011年	2012年	2013年	2014年	2015年	均值
四川	0.159	0.140	0.132	0.161	0.161	0.372	0.407	0.407	0.622	0.644	0.320
贵州	0.164	0.143	0.278	0.253	0.264	0.270	0.326	0.372	0.446	0.595	0.311
云南	0.174	0.286	0.266	0.234	0.271	0.362	0.362	0.421	0.552	0.807	0.373
陕西	0.076	0.076	0.089	0.133	0.148	0.204	0.351	0.337	0.331	0.336	0.208
甘肃	0.110	0.143	0.104	0.083	0.112	0.170	0.236	0.224	0.249	0.298	0.173
青海	0.178	0.211	0.538	0.376	0.094	0.107	0.211	0.231	0.274	0.298	0.252
宁夏	0.117	0.093	0.086	0.134	0.131	0.235	0.189	0.239	0.319	0.356	0.190
新疆	0.123	0.122	0.116	0.179	0.195	0.144	0.173	0.270	0.390	0.528	0.224
均值	0.182	0.209	0.211	0.215	0.240	0.312	0.299	0.323	0.391	0.460	0.284
变异系数	0.898	0.941	0.736	0.631	0.734	0.621	0.464	0.415	0.499	0.494	0.510

2. 地区间比较

表6-4为2006~2015年全国及东、中、西部三大地区工业企业传统综合创新效率的评估结果。从中可以看出，东、中、西部传统综合创新效率分别为0.361、0.231、0.245，呈东部最高，西部次之，中部最小的特征，东部高于全国平均水平，中、西部低于全国平均水平，说明中、西部工业企业的资源配置能力均较低，与东部差距较大。东、中、西部各省区市间的变异系数分别为0.634、0.545、0.407，呈从东到西依次递减的格局，可见各地区内部均存在发展不平衡问题，东部最为严重，说明东部各省市工业企业间的资源配置能力差异较大，西部最小。

表6-4　2006~2015年全国及东、中、西部三大地区工业企业传统综合创新效率的评估结果

地区		2006年	2007年	2008年	2009年	2010年	2011年	2012年	2013年	2014年	2015年	均值
均值	全国	0.182	0.209	0.211	0.215	0.240	0.312	0.299	0.323	0.391	0.460	0.284
	东部	0.261	0.321	0.274	0.223	0.317	0.440	0.371	0.390	0.474	0.543	0.361
	中部	0.140	0.131	0.153	0.236	0.211	0.245	0.246	0.266	0.307	0.378	0.231
	西部	0.134	0.152	0.190	0.190	0.184	0.232	0.266	0.298	0.369	0.437	0.245

续表

	地区	2006年	2007年	2008年	2009年	2010年	2011年	2012年	2013年	2014年	2015年	均值
变异系数	全国	0.898	0.941	0.736	0.631	0.734	0.621	0.464	0.415	0.499	0.494	0.510
	东部	0.966	0.896	0.732	0.532	0.721	0.543	0.451	0.443	0.531	0.525	0.634
	中部	0.406	0.494	0.501	0.885	0.836	0.567	0.488	0.352	0.465	0.458	0.545
	西部	0.238	0.408	0.709	0.449	0.395	0.428	0.349	0.294	0.373	0.422	0.407

（二）传统纯技术创新效率

采用 BC^2 模型对各省区市工业企业的传统纯技术创新效率进行测算，得到 2006~2015 年工业企业传统纯技术创新效率的评估结果，如表 6-5 所示。

表 6-5　2006~2015 年各省区市工业企业传统纯技术创新效率的评估结果

地区	2006年	2007年	2008年	2009年	2010年	2011年	2012年	2013年	2014年	2015年	均值
北京	0.432	1.000	0.726	0.462	0.525	0.818	0.747	0.804	0.850	1.000	0.736
天津	0.471	0.559	0.639	0.537	0.627	0.781	0.613	0.669	0.656	0.682	0.623
河北	0.233	0.215	0.219	0.204	0.194	0.289	0.257	0.278	0.289	0.329	0.251
山西	0.218	0.187	0.175	0.164	0.186	0.242	0.240	0.271	0.274	0.310	0.227
内蒙古	0.207	0.165	0.158	0.121	0.172	0.142	0.177	0.200	0.169	0.218	0.173
辽宁	0.157	0.191	0.173	0.230	0.233	0.361	0.388	0.509	0.504	0.469	0.321
吉林	0.522	0.461	0.528	1.000	0.495	0.692	0.706	0.397	0.350	0.404	0.556
黑龙江	0.197	0.193	0.182	0.220	0.205	0.179	0.198	0.206	0.242	0.261	0.208
上海	0.987	0.845	0.804	0.888	0.804	1.000	0.790	0.849	0.944	0.926	0.884
江苏	0.307	0.454	0.534	0.501	0.600	1.000	0.934	0.903	1.000	1.000	0.723
浙江	0.461	0.531	0.572	0.445	0.668	1.000	0.716	0.926	0.931	1.000	0.725
安徽	0.204	0.204	0.521	0.303	0.403	0.562	0.557	0.607	0.761	0.838	0.496
福建	0.373	0.365	0.314	0.312	0.311	0.426	0.316	0.311	0.317	0.351	0.340
江西	0.159	0.147	0.142	0.112	0.155	0.224	0.247	0.371	0.379	0.513	0.245
山东	0.300	0.444	0.530	0.529	0.719	1.000	0.875	0.923	0.856	0.867	0.704
河南	0.268	0.241	0.271	0.315	0.228	0.311	0.252	0.396	0.397	0.431	0.311

续表

地区	2006年	2007年	2008年	2009年	2010年	2011年	2012年	2013年	2014年	2015年	均值
湖北	0.297	0.332	0.384	0.367	0.345	0.418	0.370	0.443	0.498	0.578	0.403
湖南	0.438	0.526	0.413	0.951	0.842	0.731	0.635	0.670	0.720	0.854	0.678
广东	0.458	0.467	0.588	0.613	0.843	1.000	0.814	0.840	0.898	1.000	0.752
广西	0.290	0.393	0.395	0.405	0.398	0.405	0.313	0.369	0.419	0.508	0.389
海南	1.000	1.000	1.000	0.419	0.935	1.000	0.557	0.575	0.997	0.936	0.842
重庆	0.354	0.426	0.453	0.457	0.592	0.595	0.492	0.523	0.617	0.640	0.515
四川	0.339	0.332	0.330	0.399	0.340	0.656	0.571	0.557	0.754	0.716	0.499
贵州	0.202	0.170	0.351	0.274	0.327	0.389	0.383	0.462	0.682	0.749	0.399
云南	0.192	0.521	0.403	0.325	0.375	0.521	0.431	0.453	0.589	0.848	0.466
陕西	0.143	0.153	0.169	0.254	0.262	0.319	0.386	0.370	0.373	0.356	0.279
甘肃	0.149	0.199	0.158	0.125	0.188	0.268	0.341	0.301	0.335	0.353	0.242
青海	0.252	0.295	0.560	0.425	0.143	0.137	0.232	0.247	0.286	0.308	0.288
宁夏	0.150	0.131	0.103	0.143	0.133	0.254	0.216	0.299	0.335	0.401	0.217
新疆	0.146	0.129	0.152	0.181	0.244	0.182	0.209	0.334	0.488	0.627	0.269
均值	0.330	0.376	0.398	0.389	0.416	0.530	0.465	0.502	0.564	0.616	0.459
变异系数	0.643	0.636	0.561	0.598	0.582	0.572	0.490	0.452	0.454	0.424	0.468

1. 区域间比较

表6-5为2006~2015年各省区市工业企业传统纯技术创新效率的评估结果。从中可以看出，各省区市传统纯技术创新效率普遍较低，效率损失严重。10年中，只有北京、吉林、上海、江苏、山东、浙江、海南的传统纯技术创新效率有处于前沿面的年度，其中，海南有4年，江苏有3年，北京、浙江各有2年，吉林、上海、山东各有1年，其余省区市均没有任何一个年度的纯技术创新效率处于前沿面。10年的均值为0.459，10年中没有一个省区市始终处于前沿面，均存在效率损失，效率最高的为上海，达0.884，最低的为内蒙古，只有0.173，极差达0.711，可见各省区市间存在严重的两极分化现象。10年中，变异系数的均值为0.468，可见各省区市工业企业传统纯技术创新效率存在较大差异，各省区市工业企业

的技术管理水平存在一定差异。

2. 地区间比较

表6-6为2006~2015年全国及东、中、西部三大地区工业企业传统纯技术创新效率的评估结果。从中可以看出，东、中、西部工业企业传统纯技术创新效率分别为0.627、0.390、0.340，呈从东到西依次递减的阶梯式发展格局，与区域经济技术发展状况基本吻合，东部高于全国平均水平，中、西部低于全国平均水平，说明中、西部工业企业技术管理水平与东部存在一定差距。东、中、西部各省区市间工业企业的变异系数分别为0.416、0.511、0.429，呈中部最高，西部次之，东部最小的特征，可见各地区内部省区市间工业企业的技术管理水平存在一定差异，中部差异最大。

表6-6 2006~2015年全国及东、中、西部三大地区工业
企业传统纯技术创新效率评估结果

地区		2006年	2007年	2008年	2009年	2010年	2011年	2012年	2013年	2014年	2015年	均值
均值	全国	0.330	0.376	0.398	0.389	0.416	0.530	0.465	0.502	0.564	0.616	0.459
	东部	0.471	0.552	0.554	0.467	0.587	0.789	0.637	0.690	0.749	0.778	0.627
	中部	0.288	0.286	0.327	0.429	0.357	0.420	0.401	0.420	0.453	0.524	0.390
	西部	0.221	0.265	0.294	0.283	0.289	0.352	0.341	0.374	0.459	0.520	0.340
变异系数	全国	0.643	0.636	0.561	0.598	0.582	0.572	0.490	0.452	0.454	0.424	0.468
	东部	0.589	0.511	0.448	0.407	0.423	0.366	0.363	0.348	0.355	0.350	0.416
	中部	0.444	0.488	0.477	0.810	0.640	0.517	0.504	0.370	0.429	0.426	0.511
	西部	0.352	0.515	0.519	0.451	0.475	0.510	0.371	0.303	0.397	0.398	0.429

（三）传统规模效率

1. 区域间比较

表6-7为2006~2015年各省区市工业企业传统规模效率的评估结果。从中可以看出，10年中，只有海南共3个年度的传统规模效率不存在效率损失，其余省区市均存在效率损失。10年的均值为0.642，10年中没有1个省区市始终处于前沿面，规模均没有达到最优水平，但传统规模效率损失总体

上小于综合和纯技术创新效率损失。30个区域中，效率最高的为海南，达0.928，最低的为山东，只有0.319，极差达0.609，可见各省区市间工业企业的规模效率也存在严重的两极分化现象。10年中，变异系数的均值为0.234，说明各省区市间的差异不是很大。

表6-7 2006~2015年各省区市工业企业传统规模效率的评估结果

地区	2006年	2007年	2008年	2009年	2010年	2011年	2012年	2013年	2014年	2015年	均值
北京	0.435	0.763	0.563	0.572	0.692	0.730	0.858	0.867	0.863	0.935	0.759
天津	0.526	0.522	0.618	0.622	0.604	0.615	0.624	0.612	0.649	0.735	0.617
河北	0.489	0.479	0.508	0.622	0.564	0.619	0.659	0.674	0.677	0.738	0.614
山西	0.454	0.399	0.441	0.484	0.535	0.556	0.693	0.801	0.856	0.916	0.647
内蒙古	0.536	0.529	0.595	0.731	0.651	0.674	0.742	0.785	0.825	0.837	0.693
辽宁	0.519	0.526	0.510	0.574	0.627	0.677	0.690	0.648	0.715	0.794	0.660
吉林	0.405	0.416	0.407	0.501	0.450	0.376	0.582	0.701	0.621	0.689	0.502
黑龙江	0.643	0.554	0.569	0.575	0.628	0.601	0.598	0.712	0.768	0.779	0.650
上海	0.304	0.279	0.306	0.568	0.443	0.547	0.631	0.662	0.720	0.806	0.529
江苏	0.510	0.443	0.338	0.381	0.310	0.325	0.388	0.390	0.423	0.460	0.392
浙江	0.494	0.401	0.375	0.412	0.329	0.380	0.344	0.271	0.285	0.271	0.341
安徽	0.508	0.566	0.571	0.508	0.558	0.666	0.681	0.693	0.752	0.814	0.670
福建	0.476	0.477	0.443	0.455	0.527	0.547	0.565	0.604	0.663	0.726	0.548
江西	0.449	0.482	0.549	0.628	0.606	0.658	0.654	0.684	0.731	0.754	0.658
山东	0.569	0.482	0.351	0.270	0.252	0.265	0.259	0.257	0.329	0.395	0.319
河南	0.421	0.390	0.431	0.465	0.466	0.497	0.524	0.421	0.430	0.471	0.451
湖北	0.540	0.407	0.385	0.502	0.538	0.665	0.646	0.622	0.679	0.730	0.587
湖南	0.530	0.494	0.464	0.661	0.744	0.695	0.568	0.549	0.638	0.664	0.620
广东	0.459	0.505	0.428	0.485	0.555	0.584	0.672	0.619	0.754	0.948	0.630
广西	0.414	0.494	0.509	0.609	0.587	0.603	0.638	0.662	0.740	0.756	0.611
海南	1.000	1.000	0.792	0.313	0.973	1.000	0.999	0.976	0.963	0.961	0.928
重庆	0.413	0.424	0.408	0.454	0.504	0.591	0.692	0.712	0.685	0.585	0.559
四川	0.468	0.421	0.399	0.403	0.472	0.566	0.712	0.730	0.824	0.900	0.641
贵州	0.808	0.842	0.793	0.923	0.808	0.694	0.851	0.805	0.654	0.794	0.780

续表

地区	2006年	2007年	2008年	2009年	2010年	2011年	2012年	2013年	2014年	2015年	均值
云南	0.905	0.549	0.659	0.720	0.723	0.694	0.839	0.928	0.936	0.952	0.801
陕西	0.531	0.497	0.526	0.523	0.566	0.640	0.909	0.911	0.887	0.944	0.747
甘肃	0.735	0.722	0.657	0.662	0.599	0.634	0.693	0.742	0.744	0.843	0.715
青海	0.705	0.718	0.960	0.884	0.656	0.786	0.909	0.936	0.958	0.969	0.873
宁夏	0.781	0.714	0.834	0.935	0.988	0.924	0.875	0.801	0.950	0.887	0.877
新疆	0.844	0.940	0.765	0.991	0.800	0.794	0.824	0.808	0.799	0.842	0.832
均值	0.562	0.548	0.539	0.581	0.592	0.620	0.677	0.686	0.717	0.763	0.629
变异系数	0.295	0.309	0.303	0.306	0.283	0.251	0.247	0.259	0.241	0.231	0.234

2. 地区间比较

表6-8为2006~2015年全国及东、中、西部三大地区工业企业传统规模效率的评估结果。从中可以看出，东、中、西部工业企业的传统规模效率分别为0.567、0.581、0.725，呈从东到西依次递增的格局，与区域经济发展水平相反。东、中部低于全国平均水平，西部高于全国平均水平。东、中、西部各省区市间的变异系数分别为0.337、0.159、0.200，可见各地区内部各省区市间工业企业的传统规模效率差异不大。

表6-8 2006~2015年全国及东、中、西部三大地区工业企业传统规模效率的评估结果

	地区	2006年	2007年	2008年	2009年	2010年	2011年	2012年	2013年	2014年	2015年	均值
均值	全国	0.562	0.548	0.539	0.581	0.592	0.620	0.677	0.686	0.717	0.763	0.629
	东部	0.525	0.534	0.476	0.480	0.534	0.572	0.608	0.598	0.640	0.706	0.567
	中部	0.494	0.463	0.477	0.541	0.566	0.589	0.618	0.648	0.684	0.727	0.581
	西部	0.649	0.623	0.646	0.712	0.669	0.691	0.790	0.802	0.819	0.846	0.725
变异系数	全国	0.295	0.309	0.303	0.306	0.283	0.251	0.247	0.259	0.241	0.231	0.272
	东部	0.326	0.360	0.303	0.258	0.380	0.357	0.357	0.372	0.332	0.330	0.337
	中部	0.158	0.153	0.157	0.134	0.167	0.184	0.096	0.180	0.187	0.178	0.159
	西部	0.279	0.279	0.278	0.285	0.227	0.154	0.122	0.113	0.129	0.129	0.200

(四) 传统创新效率的动态演变

图 6-1 为 2006~2015 年区域工业企业传统创新效率的均值趋势。从中可以看出，传统三大效率总体上均呈上升趋势，传统规模效率始终高于纯技术创新效率，说明 10 年中技术无效性始终是造成无效率的主要原因，但传统纯技术创新效率的提升速度高于传统规模效率的提升速度，说明技术无效的问题正在改善。

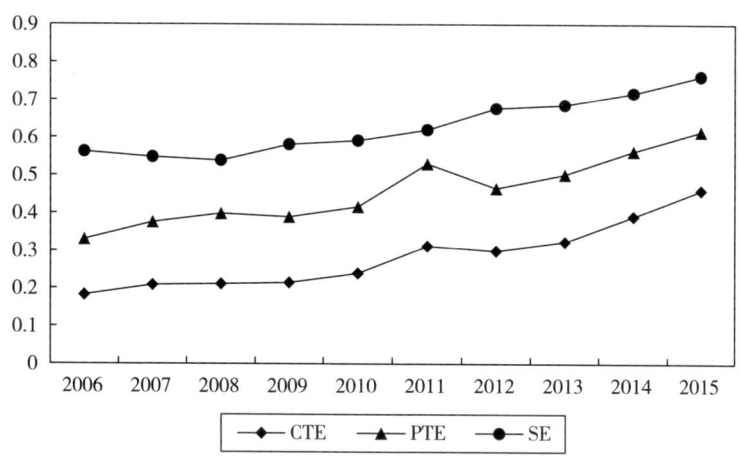

图 6-1　2006~2015 年区域工业企业传统创新效率的均值趋势

图 6-2 为 2006~2015 年区域工业企业传统创新效率的变异系数趋势。从中可以看出，传统三大效率的变异系数总体上均呈下降趋势，说明三大效率均有收敛趋势。传统纯技术创新效率的变异系数始终大于传统规模效率的变异系数，说明技术管理水平的差异大于规模水平的差异，技术水平的不平衡比规模水平的不平衡更为严重。

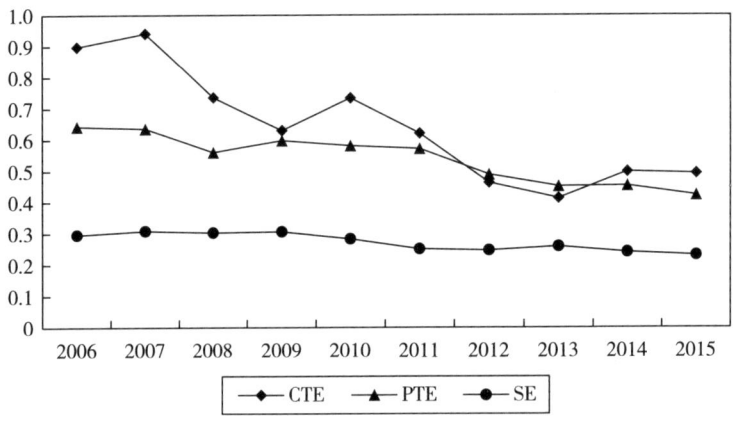

图 6-2 2006~2015 年区域工业企业传统创新效率的变异系数趋势

三、工业企业绿色低碳创新效率评估结果分析

(一) 绿色低碳综合创新效率

采用 SBM 模型对各省区市工业企业绿色低碳综合创新效率进行评估,结果如表 6-9 所示。

表 6-9 2006~2015 年各省区市工业企业绿色低碳综合创新效率的评估结果

地区	2006年	2007年	2008年	2009年	2010年	2011年	2012年	2013年	2014年	2015年	均值
北京	0.329	1.000	1.000	0.594	1.000	1.000	0.569	0.627	1.000	1.000	0.812
天津	0.412	0.552	0.750	0.468	0.552	1.000	0.637	1.000	0.954	1.000	0.732
河北	0.119	0.128	0.150	0.155	0.157	0.212	0.199	0.208	0.213	0.224	0.176

续表

地区	2006年	2007年	2008年	2009年	2010年	2011年	2012年	2013年	2014年	2015年	均值
山西	0.101	0.088	0.098	0.088	0.094	0.132	0.139	0.156	0.143	0.150	0.119
内蒙古	0.107	0.092	0.100	0.087	0.118	0.107	0.113	0.118	0.096	0.116	0.106
辽宁	0.121	0.150	0.119	0.189	0.195	0.256	0.241	0.306	0.303	0.267	0.215
吉林	0.261	0.238	0.265	1.000	0.322	0.533	0.562	0.200	0.295	0.321	0.400
黑龙江	0.117	0.132	0.118	0.129	0.132	0.113	0.110	0.117	0.120	0.123	0.121
上海	1.000	0.530	0.477	0.727	0.766	1.000	0.768	0.846	1.000	0.825	0.794
江苏	0.248	0.307	0.289	0.286	0.346	0.732	0.622	0.605	0.803	0.821	0.506
浙江	0.368	0.381	0.388	0.319	0.444	1.000	0.590	0.823	0.858	1.000	0.617
安徽	0.137	0.161	0.279	0.222	0.307	0.430	0.386	0.404	0.485	0.526	0.334
福建	0.286	0.288	0.241	0.237	0.259	0.364	0.274	0.268	0.271	0.274	0.276
江西	0.101	0.092	0.110	0.098	0.130	0.190	0.207	0.265	0.254	0.302	0.175
山东	0.250	0.306	0.272	0.223	0.288	0.421	0.362	0.378	0.407	0.444	0.335
河南	0.156	0.161	0.184	0.198	0.164	0.217	0.173	0.275	0.281	0.313	0.212
湖北	0.147	0.223	0.275	0.245	0.269	0.319	0.286	0.334	0.402	0.438	0.294
湖南	0.186	0.239	0.249	0.490	0.517	0.557	0.436	0.473	0.556	0.650	0.435
广东	0.346	0.345	0.418	0.434	0.680	1.000	0.629	0.687	0.828	1.000	0.637
广西	0.154	0.218	0.227	0.276	0.284	0.335	0.250	0.290	0.260	0.316	0.261
海南	1.000	1.000	0.680	0.113	1.000	1.000	0.319	0.339	1.000	0.442	0.689
重庆	0.199	0.272	0.303	0.323	0.511	0.676	0.377	0.387	0.493	0.532	0.407
四川	0.194	0.232	0.234	0.271	0.217	0.370	0.338	0.327	0.384	0.383	0.295
贵州	0.130	0.116	0.184	0.162	0.182	0.201	0.198	0.215	0.267	0.300	0.196
云南	0.143	0.260	0.224	0.171	0.199	0.255	0.224	0.228	0.267	0.339	0.231
陕西	0.084	0.096	0.101	0.139	0.171	0.187	0.197	0.189	0.185	0.170	0.152
甘肃	0.095	0.128	0.098	0.083	0.117	0.169	0.206	0.187	0.205	0.193	0.148
青海	0.119	0.133	0.309	0.200	0.054	0.034	0.039	0.044	0.032	0.077	0.104
宁夏	0.072	0.067	0.073	0.106	0.103	0.158	0.131	0.164	0.172	0.206	0.125

续表

地区	2006年	2007年	2008年	2009年	2010年	2011年	2012年	2013年	2014年	2015年	均值
新疆	0.081	0.094	0.111	0.108	0.150	0.115	0.117	0.155	0.213	0.252	0.140
均值	0.235	0.268	0.277	0.271	0.324	0.436	0.323	0.354	0.425	0.434	0.335
变异系数	0.966	0.873	0.763	0.771	0.787	0.758	0.601	0.671	0.714	0.671	0.659

1. 区域间比较

表6-9为2006~2015年各省区市工业企业绿色低碳综合创新效率的评估结果。从中可以看出，工业企业绿色低碳综合创新效率的均值为0.335，存在0.665的提升空间。分省区市来看，10年中，只有北京、天津、吉林、上海、浙江、广东和海南有处于前沿面的年度，其中，北京有6个年度处于前沿面，海南有5个、天津和上海各有3个、浙江和广东各有2个、吉林有1个，其余省区市没有1个年度处于前沿面。从均值来看，10年中没有一个省区市始终处于前沿面。效率最小的为青海，只有0.104，最大的为北京，达0.812，极差达0.708，可见各省区市工业企业绿色低碳综合创新效率存在严重的两极分化。变异系数达0.659，说明各省区市工业企业的资源配置和综合利用能力存在显著差异。

2. 地区间比较

表6-10为2006~2015年全国及东、中、西部三大地区工业企业绿色低碳综合创新效率的评估结果。从中可以看出，东、中、西部工业企业绿色低碳综合创新效率分别为0.526、0.261、0.197，呈从东到西依次递减的格局，与区域经济社会发展状况基本吻合。东部高于全国平均水平，中、西部低于全国平均水平，东、西部之间差距较大。变异系数分别为0.555、0.526、0.517，说明各地区工业企业间的绿色低碳综合创新效率存在较大差异。

表6-10 2006~2015年全国及东、中、西部三大地区工业企业绿色低碳综合创新效率的评估结果

地区		2006年	2007年	2008年	2009年	2010年	2011年	2012年	2013年	2014年	2015年	均值
均值	全国	0.235	0.268	0.277	0.271	0.324	0.436	0.323	0.354	0.425	0.434	0.335
	东部	0.407	0.453	0.435	0.341	0.517	0.726	0.474	0.553	0.694	0.663	0.526
	中部	0.151	0.167	0.197	0.309	0.242	0.311	0.287	0.278	0.317	0.353	0.261
	西部	0.125	0.155	0.178	0.175	0.191	0.237	0.199	0.209	0.234	0.262	0.197
变异系数	全国	0.966	0.873	0.763	0.771	0.787	0.758	0.601	0.671	0.714	0.671	0.659
	东部	0.755	0.661	0.629	0.569	0.594	0.469	0.416	0.486	0.467	0.501	0.555
	中部	0.351	0.371	0.401	0.994	0.584	0.568	0.558	0.438	0.488	0.508	0.526
	西部	0.350	0.482	0.483	0.473	0.642	0.740	0.499	0.463	0.541	0.497	0.517

（二）绿色低碳纯技术创新效率

1. 区域间比较

表6-11为2006~2015年各省区市工业企业绿色低碳纯技术创新效率的评估结果。从中可以看出，工业企业绿色低碳纯技术创新效率的均值为0.466，存在0.534的提升空间。分省区市来看，10年中，只有北京、天津、吉林、黑龙江、江苏、上海、浙江、山东、广东和海南有处于前沿面的年度，其中，北京有8个年度处于前沿面，天津和黑龙江有7个，海南有6个、上海有4个、江苏有3个、浙江和广东各有2个、吉林有1个，其余省区市没有1个年度处于前沿面。从均值来看，10年中没有1个省区市始终处于前沿面，说明均存在效率损失。效率最小的为青海，只有0.154，最大的为北京，达0.979，极差达0.825，说明各省区市工业企业的绿色低碳纯技术创新效率存在严重的两极分化。变异系数达0.517，说明各省区市工业企业的绿色低碳纯技术创新效率存在显著差异。

表6-11 2006~2015年各省区市工业企业绿色低碳纯技术创新效率的评估结果

地区	2006年	2007年	2008年	2009年	2010年	2011年	2012年	2013年	2014年	2015年	均值
北京	1.000	1.000	1.000	1.000	1.000	1.000	0.896	0.896	1.000	1.000	0.979
天津	1.000	1.000	0.773	0.615	1.000	1.000	0.779	1.000	1.000	1.000	0.917

续表

地区	2006年	2007年	2008年	2009年	2010年	2011年	2012年	2013年	2014年	2015年	均值
河北	0.243	0.225	0.222	0.232	0.211	0.273	0.249	0.265	0.271	0.282	0.247
山西	0.183	0.148	0.174	0.175	0.190	0.237	0.236	0.248	0.237	0.237	0.207
内蒙古	0.202	0.197	0.221	0.215	0.231	0.204	0.227	0.252	0.218	0.256	0.222
辽宁	0.188	0.227	0.176	0.256	0.269	0.352	0.329	0.380	0.382	0.374	0.293
吉林	0.344	0.312	0.342	1.000	0.398	0.565	0.613	0.386	0.445	0.529	0.493
黑龙江	1.000	0.802	1.000	1.000	1.000	1.000	0.770	0.995	1.000	1.000	0.957
上海	1.000	0.611	0.625	1.000	0.822	1.000	0.805	0.876	1.000	0.880	0.862
江苏	0.317	0.349	0.320	0.317	0.364	1.000	0.639	0.607	1.000	1.000	0.591
浙江	0.478	0.460	0.461	0.390	0.488	1.000	0.594	0.825	0.870	1.000	0.656
安徽	0.273	0.270	0.503	0.345	0.434	0.547	0.490	0.493	0.549	0.618	0.452
福建	0.534	0.463	0.341	0.375	0.390	0.497	0.366	0.347	0.358	0.372	0.404
江西	0.278	0.170	0.199	0.176	0.223	0.315	0.336	0.432	0.459	0.516	0.310
山东	0.306	0.348	0.301	0.244	0.296	1.000	0.377	0.439	0.408	0.446	0.416
河南	0.266	0.223	0.263	0.301	0.252	0.329	0.269	0.322	0.339	0.375	0.294
湖北	0.353	0.346	0.349	0.384	0.380	0.435	0.371	0.393	0.466	0.503	0.398
湖南	0.379	0.442	0.396	0.669	0.600	0.610	0.516	0.520	0.598	0.678	0.541
广东	0.432	0.408	0.464	0.485	0.695	1.000	0.686	0.732	0.858	1.000	0.676
广西	0.236	0.362	0.415	0.486	0.464	0.477	0.382	0.421	0.458	0.530	0.423
海南	1.000	1.000	1.000	0.252	1.000	1.000	0.498	0.549	1.000	0.999	0.830
重庆	0.347	0.389	0.391	0.387	0.512	0.678	0.515	0.593	0.663	0.653	0.513
四川	0.377	0.363	0.322	0.351	0.363	0.534	0.543	0.515	0.566	0.559	0.449
贵州	0.177	0.172	0.252	0.257	0.296	0.328	0.318	0.305	0.386	0.397	0.289
云南	0.252	0.379	0.364	0.332	0.357	0.441	0.382	0.356	0.421	0.528	0.381
陕西	0.204	0.210	0.230	0.292	0.300	0.324	0.315	0.311	0.311	0.291	0.279
甘肃	0.202	0.265	0.244	0.217	0.277	0.354	0.411	0.388	0.405	0.383	0.315
青海	0.246	0.238	0.348	0.297	0.105	0.043	0.048	0.053	0.037	0.091	0.151
宁夏	0.126	0.131	0.137	0.160	0.173	0.218	0.193	0.233	0.252	0.291	0.191
新疆	0.192	0.209	0.222	0.189	0.271	0.245	0.238	0.271	0.339	0.381	0.255
均值	0.404	0.391	0.402	0.413	0.445	0.567	0.446	0.480	0.543	0.572	0.466
变异系数	0.707	0.641	0.607	0.636	0.604	0.558	0.461	0.502	0.529	0.496	0.517

2. 地区间比较

表 6-12 为 2006~2015 年全国及东、中、西部三大地区工业企业绿色低碳纯技术创新效率的评估结果。从表中可以看出，东、中、西部工业企业绿色低碳纯技术创新效率分别为 0.625、0.456、0.315，呈从东到西依次递减的阶梯式发展格局，与区域经济技术发展状况基本吻合。东部高于全国平均水平，中、西部低于全国平均水平，东、西部之间差距较大。东、中、西部各省区市间的变异系数分别为 0.482、0.544、0.394，呈中部第一，东部第二，西部最低的特征，说明各地区工业企业的绿色低碳纯技术效率存在发展不平衡问题，中部最为严重，东部次之，西部相对较低。

表 6-12 2006~2015 年全国及东、中、西部三大地区工业企业绿色低碳纯技术创新效率的评估结果

地区		2006年	2007年	2008年	2009年	2010年	2011年	2012年	2013年	2014年	2015年	均值
均值	全国	0.404	0.391	0.402	0.413	0.445	0.567	0.446	0.480	0.543	0.572	0.466
	东部	0.591	0.554	0.517	0.470	0.594	0.829	0.565	0.629	0.740	0.759	0.625
	中部	0.384	0.339	0.403	0.506	0.435	0.505	0.450	0.474	0.512	0.557	0.456
	西部	0.233	0.265	0.286	0.290	0.304	0.350	0.325	0.336	0.369	0.396	0.315
变异系数	全国	0.707	0.641	0.607	0.636	0.604	0.558	0.461	0.502	0.529	0.496	0.517
	东部	0.574	0.553	0.571	0.611	0.534	0.358	0.383	0.401	0.421	0.414	0.482
	中部	0.667	0.620	0.654	0.674	0.608	0.477	0.405	0.481	0.444	0.405	0.544
	西部	0.313	0.348	0.304	0.332	0.387	0.504	0.446	0.433	0.460	0.409	0.394

（三）绿色低碳规模效率

1. 区域间比较

表 6-13 为 2006~2015 年各省区市工业企业绿色低碳规模效率的评估结果。从中可以看出，工业企业绿色低碳规模效率的均值为 0.69，存在

0.31 的效率损失。分省区市来看，10 年中，只有北京、天津、吉林、上海、浙江、广东和海南有处于前沿面的年度，其中，北京有 6 个年度处于前沿面，海南有 5 个、天津和上海各有 3 个、浙江和广东各有 2 个、吉林有 1 个，其余省区市没有 1 个年度处于前沿面。从均值来看，10 年中没有一个省区市始终处于前沿面。效率最小的为黑龙江，只有 0.128，最大的为北京，达 0.826，极差达 0.698，说明各省区市工业企业绿色低碳规模效率存在严重的两极分化。变异系数为 0.241，说明各省区市工业企业绿色低碳规模效率相对比较均衡。

表 6-13　2006~2015 年各省区市工业企业绿色低碳规模效率的评估结果

地区	2006 年	2007 年	2008 年	2009 年	2010 年	2011 年	2012 年	2013 年	2014 年	2015 年	均值
北京	0.329	1.000	1.000	0.594	1.000	1.000	0.635	0.700	1.000	1.000	0.826
天津	0.412	0.552	0.971	0.761	0.552	1.000	0.817	1.000	0.954	1.000	0.802
河北	0.490	0.566	0.674	0.669	0.748	0.778	0.797	0.783	0.788	0.792	0.708
山西	0.552	0.593	0.561	0.501	0.493	0.556	0.588	0.629	0.601	0.635	0.571
内蒙古	0.526	0.469	0.455	0.405	0.514	0.525	0.500	0.467	0.440	0.453	0.475
辽宁	0.642	0.661	0.677	0.740	0.724	0.728	0.732	0.806	0.794	0.714	0.722
吉林	0.758	0.763	0.774	1.000	0.809	0.943	0.916	0.519	0.661	0.608	0.775
黑龙江	0.117	0.164	0.118	0.129	0.132	0.113	0.143	0.118	0.120	0.123	0.128
上海	1.000	0.868	0.763	0.727	0.932	1.000	0.953	0.966	1.000	0.937	0.915
江苏	0.780	0.879	0.903	0.903	0.948	0.732	0.973	0.996	0.803	0.821	0.874
浙江	0.771	0.829	0.842	0.819	0.910	1.000	0.995	0.998	0.987	1.000	0.915
安徽	0.502	0.594	0.554	0.643	0.707	0.785	0.789	0.820	0.882	0.852	0.713
福建	0.535	0.622	0.707	0.633	0.665	0.733	0.748	0.771	0.757	0.736	0.691
江西	0.362	0.542	0.554	0.557	0.585	0.603	0.617	0.612	0.553	0.585	0.557
山东	0.817	0.878	0.903	0.913	0.974	0.421	0.960	0.863	0.997	0.997	0.872
河南	0.586	0.719	0.701	0.659	0.653	0.660	0.643	0.855	0.828	0.835	0.714
湖北	0.418	0.646	0.790	0.640	0.706	0.733	0.771	0.851	0.863	0.870	0.729
湖南	0.492	0.542	0.630	0.733	0.862	0.913	0.844	0.909	0.929	0.959	0.781
广东	0.801	0.844	0.901	0.894	0.978	1.000	0.917	0.938	0.965	1.000	0.924

续表

地区	2006年	2007年	2008年	2009年	2010年	2011年	2012年	2013年	2014年	2015年	均值
广西	0.652	0.602	0.547	0.569	0.613	0.702	0.654	0.689	0.568	0.596	0.619
海南	1.000	1.000	0.680	0.450	1.000	1.000	0.640	0.618	1.000	0.442	0.783
重庆	0.574	0.700	0.774	0.833	0.999	0.997	0.733	0.653	0.744	0.815	0.782
四川	0.515	0.640	0.726	0.771	0.597	0.693	0.623	0.634	0.678	0.686	0.657
贵州	0.732	0.671	0.727	0.630	0.616	0.613	0.623	0.706	0.693	0.757	0.677
云南	0.566	0.684	0.616	0.516	0.556	0.577	0.587	0.640	0.635	0.643	0.602
陕西	0.409	0.458	0.438	0.474	0.570	0.578	0.625	0.608	0.594	0.586	0.534
甘肃	0.472	0.484	0.403	0.382	0.423	0.478	0.501	0.482	0.507	0.505	0.464
青海	0.484	0.556	0.888	0.671	0.518	0.793	0.813	0.839	0.851	0.839	0.725
宁夏	0.569	0.513	0.530	0.663	0.592	0.727	0.681	0.701	0.681	0.709	0.637
新疆	0.424	0.451	0.501	0.574	0.551	0.471	0.494	0.572	0.629	0.661	0.533
均值	0.576	0.650	0.677	0.648	0.698	0.728	0.710	0.725	0.750	0.739	0.690
变异系数	0.335	0.277	0.284	0.281	0.300	0.297	0.255	0.266	0.271	0.277	0.241

2. 地区间比较

表6-14为2006~2015年全国及东、中、西部三大地区工业企业绿色低碳规模效率的评估结果。从中可以看出，东、中、西部工业企业绿色低碳规模效率分别为0.821、0.621、0.609，呈从东到西依次递减的阶梯式发展格局，与各地区的经济发展水平基本吻合。东部高于全国平均水平，中、西部低于全国平均水平。变异系数分别为0.192、0.378、0.202，说明各地区各省区市工业企业绿色低碳规模效率的差异不大。

表6-14 2006~2015年全国及东、中、西部三大地区
工业企业绿色低碳规模效率的评估结果

地区		2006年	2007年	2008年	2009年	2010年	2011年	2012年	2013年	2014年	2015年	均值
均值	全国	0.576	0.650	0.677	0.648	0.698	0.728	0.710	0.725	0.750	0.739	0.690
	东部	0.689	0.791	0.820	0.737	0.858	0.854	0.833	0.858	0.913	0.858	0.821
	中部	0.473	0.570	0.585	0.608	0.618	0.664	0.664	0.664	0.680	0.683	0.621
	西部	0.538	0.566	0.600	0.590	0.595	0.650	0.621	0.636	0.638	0.659	0.609

续表

地区		2006年	2007年	2008年	2009年	2010年	2011年	2012年	2013年	2014年	2015年	均值
变异系数	全国	0.335	0.277	0.284	0.281	0.300	0.297	0.255	0.266	0.271	0.277	0.241
	东部	0.328	0.206	0.151	0.196	0.183	0.224	0.160	0.154	0.113	0.209	0.192
	中部	0.394	0.320	0.362	0.402	0.370	0.394	0.361	0.394	0.391	0.389	0.378
	西部	0.177	0.171	0.263	0.241	0.243	0.239	0.161	0.166	0.176	0.183	0.202

四、工业企业绿色低碳创新效率的动态演变

图6-3为2006~2015年区域工业企业绿色低碳创新效率的均值趋势。从中可以看出，绿色低碳三大效率总体上均呈上升趋势，传统规模效率始终高于纯技术创新效率，说明10年中技术无效性始终是造成无效率的主要

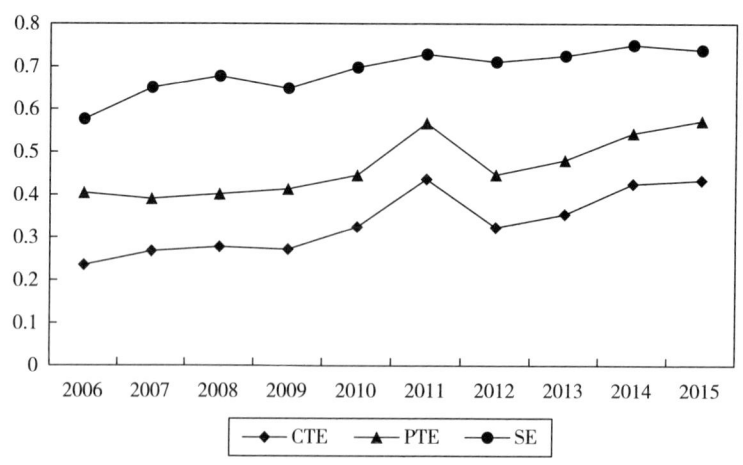

图6-3 2006~2015年区域工业企业绿色低碳创新效率的均值趋势

原因，但纯技术创新效率的提升速度略高于传统规模效率的提升速度，说明绿色低碳技术管理水平提升速度较快。

图6-4为2006~2015年区域工业企业绿色低碳创新效率的变异系数趋势。从中可以看出，三大效率总体上均呈下降趋势，说明各省区市间工业企业绿色低碳纯技术创新效率的差距正在缩小，有收敛趋势，但纯技术创新效率的变异系数始终大于传统规模效率的变异系数，说明各省区市工业企业绿色低碳技术管理水平的差异大于规模水平的差异。

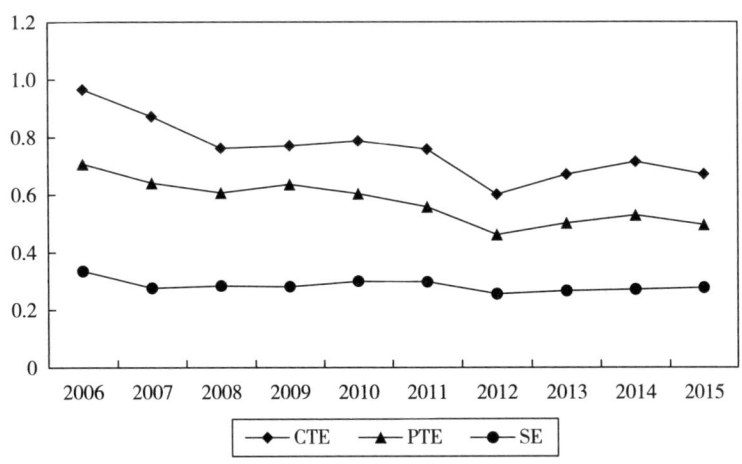

图6-4 2006~2015年区域工业企业绿色低碳创新效率的变异系数趋势

五、工业企业绿色低碳创新潜力分析

（一）绿色低碳综合创新潜力分析

1. 区域间比较

表6-15为2006~2015年各省区市工业企业绿色低碳综合创新效率中

投入产出无效率的分解情况。从投入来看，全国30个省区市工业企业的绿色低碳综合技术创新活动均存在人员投入冗余；除浙江外，其余29个省区市均存在经费投入冗余；能源冗余更为严重，30个省区市均存在能源冗余，冗余率最高的为宁夏，达97.84%，最低的为上海，达17.86%。从变异系数来看，经费投入冗余率的变异系数最高，达0.75。从非期望产出来看，各省区市均存在较严重的碳排放和环境污染冗余，碳排放冗余率最高的是贵州，达97.70%，环境污染冗余率最高的是云南，达96.35%。从变异系数来看，非期望产出冗余率的区域差异相对较小，说明各省区市相对均衡。从期望产出来看，有22个省区市存在发明专利不足现象，不足率最高的是江西；只有4个省存在新产品产出不足，不足率最高的是青海。从变异系数来看，2项期望产出均呈现出非常显著的区域差异，其中，新产品产出不足率的区域差异更为严重。

表6-15 2006~2015年各省区市工业企业绿色低碳综合创新效率中投入产出无效率的分解　　　　　　　单位：%

地区	lab	cap	ei	ci	epi	lat	pro
北京	11.63	3.45	26.63	24.72	4.74	11.50	0.00
天津	0.56	3.34	21.94	23.03	5.41	112.20	0.00
河北	71.78	62.03	87.27	88.94	93.91	13.22	0.00
山西	81.31	73.29	92.89	93.37	95.54	0.00	0.00
内蒙古	82.70	78.30	92.49	91.68	95.93	0.00	0.00
辽宁	31.00	32.11	87.44	88.88	89.07	456.02	0.00
吉林	37.56	10.62	63.13	64.29	64.10	178.34	0.00
黑龙江	83.17	67.45	95.61	95.60	94.72	0.82	0.00
上海	0.84	6.76	17.86	17.33	5.87	59.45	0.00
江苏	13.27	5.50	45.67	50.60	47.48	199.00	0.00
浙江	23.99	0.00	38.61	35.88	45.43	85.20	0.00
安徽	49.97	31.19	78.45	80.15	80.79	6.54	0.00
福建	39.83	10.93	84.88	85.61	78.71	239.55	0.00
江西	43.40	29.02	94.30	95.13	92.34	512.00	0.00
山东	7.19	15.96	63.78	67.68	65.42	342.00	0.00
河南	59.90	31.89	87.10	87.61	87.32	172.76	0.00

续表

地区	lab	cap	ei	ci	epi	lat	pro
湖北	49.31	30.83	77.34	78.55	78.81	88.98	0.00
湖南	34.58	19.22	66.73	67.99	75.21	10.10	0.00
广东	19.20	0.03	39.23	38.55	41.65	71.92	0.00
广西	54.39	43.30	82.94	83.21	91.21	29.82	0.00
海南	15.50	15.27	40.12	41.53	17.36	9.80	6.85
重庆	33.11	12.96	60.50	58.31	66.44	130.18	0.00
四川	53.17	23.60	88.28	88.36	89.21	41.13	0.00
贵州	64.12	50.33	97.73	97.70	96.20	0.00	3.28
云南	56.99	44.52	95.54	95.76	96.35	0.00	1.48
陕西	75.27	66.58	91.71	92.05	90.79	0.00	0.00
甘肃	76.51	68.18	91.11	90.51	88.78	0.00	0.00
青海	39.66	52.35	86.08	82.58	85.75	0.00	509.23
宁夏	75.29	71.35	97.84	97.41	94.04	0.00	0.00
新疆	70.80	70.52	96.68	96.58	95.91	0.00	0.00
全国均值	45.20	34.36	73.00	73.32	71.82	92.35	17.36
变异系数	0.57	0.75	0.34	0.34	0.41	1.49	5.35

综上所述，区域工业企业绿色低碳综合创新活动中存在严重的资源配置不合理现象。从投入来看，3项投入的平均冗余率为50.85%，其中，人员冗余率为45.2%、经费冗余率为34.36%、能源冗余率为73%，能源投入可缩减的比例最大，说明能源冗余是造成区域投入无效率的重要原因，R&D人员投入次之，经费投入位居第三，与区域整体的情况基本一致。从非期望产出来看，非期望产出冗余率平均为72.57%，其中，碳排放冗余率为73.32%、环境污染冗余率为71.82%，碳排放冗余略大于环境污染冗余。从期望产出来看，期望产出不足率平均为54.86%，其中，发明专利不足率为92.35%、新产品产出不足率为17.36%。发明专利产出不足在无效率原因分解中贡献率最大，说明它是造成期望产出无效率的最主要原因。

综上所述，从投入产出来看，造成各省区市绿色低碳综合创新无效率的首要原因是非期望产出冗余，其次是期望产出不足，最后是投入冗余；

分要素来看，按投入产出无效率大小的排序分别为发明专利产出不足、碳排放冗余、能源投入冗余、环境污染冗余、R&D 人员投入冗余、R&D 经费投入冗余和新产品产出不足；按变异系数大小的排序分别为新产品产出不足、发明专利不足、R&D 经费投入冗余、R&D 人员投入冗余、环境污染冗余、能源投入冗余和碳排放冗余。

2. 地区间比较

表 6-16 为 2006~2015 年全国及东、中、西部三大地区工业企业绿色低碳综合创新效率中投入产出无效率的分解。从中可以看出，东、中、西部无效率的原因各不相同。东部投入无效率的均值为 28.59%，非期望产出的均值为 48.08%，期望产出的均值为 73.03%，可见期望产出无效率是东部无效率的主要原因；中部投入无效率的均值为 57.84%，非期望产出的均值为 83.22%，期望产出的均值为 60.6%，可见非期望产出无效率是造成中部无效率的主要原因；西部投入无效率的均值为 68.03%，非期望产出的均值为 89.31%，期望产出的均值为 65.01%，可见非期望产出无效率是造成西部无效率的主要原因。分要素来看，东部无效率的原因依次为专利产出不足、碳排放冗余、能源投入冗余、环境污染冗余、人员投入冗余、经费投入冗余和新产品产出不足。中部依次为专利产出不足、环境污染冗余、碳排放冗余、能源投入冗余、人员投入冗余、经费投入冗余和新产品产出不足。西部依次为环境污染冗余、能源投入冗余、碳排放冗余、人员投入冗余、经费投入冗余、新产品产出不足和专利产出不足。

表 6-16 2006~2015 年全国及东、中、西部三大地区工业企业绿色低碳综合创新效率中投入产出无效率的分解

地区		lab	cap	ei	ci	epi	lat	pro
均值(%)	全国	45.20	34.36	73.00	73.32	71.82	92.35	17.36
	东部	21.34	14.13	50.31	51.16	45.00	145.44	0.62
	中部	54.90	36.69	81.94	82.84	83.60	121.19	0.00
	西部	62.00	52.91	89.17	88.56	90.05	18.28	46.73

续表

地区		lab	cap	ei	ci	epi	lat	pro
变异系数	全国	0.5714	0.7542	0.3446	0.3439	0.4141	1.4863	5.3516
	东部	0.9644	1.3035	0.5231	0.5329	0.7499	1.0156	3.3166
	中部	0.3389	0.6023	0.1533	0.1470	0.1309	1.4439	—
	西部	0.2585	0.3937	0.1196	0.1279	0.957	2.1774	3.2829

（二）绿色低碳纯技术创新潜力分析

1. 区域间比较

表6-17为2006~2015年各省区市工业企业绿色低碳纯技术创新效率中投入产出无效率的分解。从投入要素来看，全国30个省区市中除天津外，其余29个省区市的工业企业的绿色低碳纯技术创新活动均存在人员投入冗余；除北京、黑龙江、浙江外，其余27个省区市均存在经费投入冗余；30个省区市均存在能源冗余，最多的为山西，达61.4%，最少的为黑龙江，为0.45%。从变异系数来看，3项投入中，经费投入冗余率的变异系数最大，达1.15。从非期望产出来看，除黑龙江外，其余29个省区市均存在碳排放冗余，最高的为河北，为66.61%；30个省区市均存在环境污染冗余，最多的是河北，为94.05%。从变异系数来看，2项非期望产出中，碳排放冗余率的变异系数最大。从期望产出来看，除贵州外，其余29个省区市均存在发明专利产出不足，不足率最高的是内蒙古；有24个省区市存在新产品产出不足，不足率最高的是青海。从变异系数来看，2项期望产出均呈现出显著的区域差异，新产品产出的差异更为严重。

表6-17 2006~2015年各省区市工业企业绿色低碳纯技术创新效率中投入产出无效率的分解 单位:%

地区	lab	cap	ei	ci	epi	lat	pro
北京	1.72	0.00	1.21	0.44	2.97	1.51	0.00
天津	0.00	2.12	1.29	3.01	4.11	34.46	0.00

续表

地区	lab	cap	ei	ci	epi	lat	pro
河北	49.54	33.10	58.77	66.61	94.05	256.32	59.39
山西	54.86	29.53	61.40	62.87	91.78	323.03	149.27
内蒙古	28.68	18.34	37.53	30.85	94.11	586.83	187.86
辽宁	10.88	12.57	51.13	60.05	88.46	520.45	35.54
吉林	25.84	1.83	15.35	14.49	63.91	252.59	31.13
黑龙江	1.32	0.00	0.45	0.00	1.41	13.39	4.22
上海	0.40	4.44	3.12	5.29	3.34	57.12	0.00
江苏	10.75	0.51	36.77	41.64	44.19	185.63	0.78
浙江	22.78	0.00	22.33	24.78	45.28	89.14	0.00
安徽	31.59	7.76	30.39	39.74	80.93	185.06	37.53
福建	31.51	4.43	24.75	32.10	77.62	271.77	14.84
江西	16.37	10.20	10.83	18.66	86.63	610.83	117.54
山东	7.22	11.30	52.54	58.04	60.79	303.11	0.00
河南	47.31	5.31	52.51	56.66	87.74	318.78	39.02
湖北	44.34	17.76	32.55	39.71	77.28	142.51	44.01
湖南	33.37	13.46	31.52	39.43	76.61	31.27	6.44
广东	22.44	0.51	25.31	28.37	42.54	57.32	0.00
广西	21.59	7.49	9.98	13.24	92.14	322.89	28.88
海南	12.02	6.72	4.60	4.73	15.43	21.78	74.69
重庆	24.22	3.40	20.97	19.17	66.63	194.39	2.73
四川	41.89	7.24	26.15	34.68	87.19	130.47	44.23
贵州	47.71	34.99	48.02	39.81	78.43	0.00	243.88
云南	36.16	27.73	24.97	22.42	80.74	8.68	220.30
陕西	48.73	19.26	39.21	41.60	85.71	268.65	165.34
甘肃	42.47	26.40	32.34	27.33	83.31	238.83	99.96

续表

地区	lab	cap	ei	ci	epi	lat	pro
青海	26.54	37.33	37.46	34.76	79.94	12.90	652.21
宁夏	76.09	77.57	60.16	56.35	90.58	37.62	34.71
新疆	59.84	59.23	39.80	34.08	86.42	68.68	183.49
全国均值	29.27	16.02	29.78	31.70	65.67	184.87	82.60
变异系数	0.66	1.15	0.62	0.61	0.47	0.93	1.58

综上所述，区域工业企业绿色低碳纯技术创新活动中存在较严重的资源配置不合理现象。从投入来看，3项投入的平均冗余率为25.02%，其中，人员冗余率为29.27%、经费冗余率为16.02%、能源投入冗余率为29.78%，能源投入可缩减的比例最大，说明能源冗余是造成各省区市投入无效率的重要原因，R&D人员投入次之，经费投入位居第三，与区域整体的情况基本一致。从全国非期望产出来看，非期望产出冗余率平均为48.69%，其中，碳排放冗余率为31.70%、环境污染冗余率为65.67%，环境污染冗余大于碳排放冗余。从期望产出来看，期望产出不足率平均为133.74%，其中，发明专利产出不足率为184.87%，新产品产出不足率为82.60%，发明专利产出不足在无效率原因分解中贡献率最大，说明它是造成期望产出无效率的最主要原因。

总之，从投入产出来看，造成各省区市工业企业绿色低碳纯技术创新无效率的首要原因是期望产出无效率，其次是非期望产出无效率，最后是投入无效率；分要素来看，按投入产出无效率大小的排序分别为发明专利产出不足、新产品产出不足、环境污染冗余、碳排放冗余、能源投入冗余、R&D人员投入冗余、R&D经费投入冗余。按变异系数大小的排序分别为新产品产出不足、R&D经费投入冗余、发明专利产出不足、R&D人员投入冗余、能源投入冗余、碳排放冗余和环境污染冗余。

2. 地区间比较

表6-18为2006~2015年全国及东、中、西部三大地区工业企业绿色

低碳纯技术创新效率中投入产出无效率的分解。从中可以看出，东、中、西部无效率的原因各不相同。东部投入无效率的均值为15.96%，非期望产出的均值为36.54%，期望产出的均值为90.18%，可见期望产出无效率是东部无效率的主要原因；中部投入无效率的均值为23.99%，非期望产出的均值为52.37%，期望产出的均值为144.16%，可见期望产出无效率是造成中部无效率的主要原因；西部投入无效率的均值为34.83%，非期望产出的均值为58.16%，期望产出的均值为169.71%，可见非期望产出无效率是造成西部无效率的主要原因。分要素来看，东部无效率的原因依次为专利产出不足、环境污染冗余、碳排放冗余、能源投入冗余、新产品产出不足、人员投入冗余、经费投入冗余。中部依次为专利产出不足、环境污染冗余、新产品产出不足、碳排放冗余、人员投入冗余、能源投入冗余、经费投入冗余。西部依次为专利产出不足、新产品产出不足、环境污染冗余、人员投入冗余、能源投入冗余、碳排放冗余和经费投入冗余。

表6-18　2006~2015年全国及东、中、西部三大地区工业企业绿色低碳纯技术创新效率中投入产出无效率的分解

地区		lab	cap	ei	ci	epi	lat	pro
均值(%)	全国	29.27	16.02	29.78	31.70	65.67	184.87	82.60
	东部	15.39	6.88	25.62	29.55	43.52	163.51	16.84
	中部	31.87	10.73	29.37	33.95	70.79	234.68	53.64
	西部	41.26	29.00	34.23	32.21	84.11	169.99	169.42
变异系数	全国	0.6631	1.1462	0.6226	0.6075	0.4697	0.9344	1.5762
	东部	0.9853	1.4161	0.8504	0.8323	0.7839	0.9839	1.6230
	中部	0.5478	0.8931	0.6993	0.6312	0.4143	0.8180	0.9704
	西部	0.4008	0.7855	0.3982	0.3669	0.914	1.0542	1.0689

六、工业企业绿色低碳创新效率与传统创新效率的比较

为了进一步分析区域工业企业绿色低碳创新活动的成效，本书对区域工业企业考虑能源和环境约束下的绿色低碳三大创新效率与不考虑能源和环境约束的传统三大创新效率进行了比较。

（一）区域间比较

表 6-19 为 2006~2015 年各省区市工业企业绿色低碳创新效率与传统创新效率的比较。从表中可以看出，考虑能源与环境约束后，工业企业绿色低碳综合创新效率下降的省区有山西、内蒙古、黑龙江、海南、四川、贵州、云南、陕西、甘肃、青海、宁夏和新疆共 12 个，除海南和山西外，其余均为西部地区的省份，其余 18 个省区市均为提升；绿色低碳纯技术创新效率下降的省区市有 22 个，提升的省区市只有 8 个；绿色低碳规模效率下降的省区市有 12 个，除山西、黑龙江和海南外，均为西部省份，绿色低碳规模效率提升的省区市有 18 个。可见考虑能源与环境约束后，大多数省区市的绿色低碳创新效率有所提高，且效率提高的大部分为东部省市，效率下降的大多为中、西部省区市，说明中西部地区省域的绿色低碳发展水平较低，造成这一现象的原因与区域粗放式的经济发展方式密切相关。从全国来看，区域工业企业绿色低碳三大创新效率的均值与传统创新效率相比略有提高，与区域整体情况相反，说明各省区市工业企业的绿色低碳发展水平较高；变异系数也略有提高，说明考虑能源与环境约束后，区域工业企业绿色低碳创新效率的差异加大。

表 6-19 2006~2015 年各省区市工业企业绿色低碳创新效率与传统创新效率的比较

地区	绿色低碳创新效率			传统创新效率		
	CTE	PTE	SE	CTE	PTE	SE
北京	0.812	0.979	0.826	0.559	0.736	0.759
天津	0.732	0.917	0.802	0.385	0.623	0.617
河北	0.176	0.247	0.708	0.154	0.251	0.614
山西	0.119	0.207	0.571	0.147	0.227	0.647
内蒙古	0.106	0.222	0.475	0.120	0.173	0.693
辽宁	0.215	0.293	0.722	0.212	0.321	0.660
吉林	0.400	0.493	0.775	0.279	0.556	0.502
黑龙江	0.121	0.957	0.128	0.136	0.208	0.650
上海	0.794	0.862	0.915	0.468	0.884	0.529
江苏	0.506	0.591	0.874	0.284	0.723	0.392
浙江	0.617	0.656	0.915	0.247	0.725	0.341
安徽	0.334	0.452	0.713	0.332	0.496	0.670
福建	0.276	0.404	0.691	0.186	0.340	0.548
江西	0.175	0.310	0.557	0.161	0.245	0.658
山东	0.335	0.416	0.872	0.225	0.704	0.319
河南	0.212	0.294	0.714	0.140	0.311	0.451
湖北	0.294	0.398	0.729	0.236	0.403	0.587
湖南	0.435	0.541	0.781	0.420	0.678	0.620
广东	0.637	0.676	0.924	0.474	0.752	0.630
广西	0.261	0.423	0.619	0.238	0.389	0.611
海南	0.689	0.830	0.783	0.781	0.842	0.928
重庆	0.407	0.513	0.782	0.288	0.515	0.559
四川	0.295	0.449	0.657	0.320	0.499	0.641
贵州	0.196	0.289	0.677	0.311	0.399	0.780
云南	0.231	0.381	0.602	0.373	0.466	0.801

续表

地区	绿色低碳创新效率			传统创新效率		
	CTE	PTE	SE	CTE	PTE	SE
陕西	0.152	0.279	0.534	0.208	0.279	0.747
甘肃	0.148	0.315	0.464	0.173	0.242	0.715
青海	0.104	0.151	0.725	0.252	0.288	0.873
宁夏	0.125	0.191	0.637	0.190	0.217	0.877
新疆	0.140	0.255	0.533	0.224	0.269	0.832
均值	0.335	0.466	0.690	0.284	0.459	0.642
变异系数	0.659	0.517	0.241	0.510	0.468	0.234

(二) 地区间比较

表 6-20 为 2006~2015 年全国及东、中、西部三大地区工业企业绿色低碳创新效率与传统创新效率的比较。从中看出，东、中、西部工业企业传统综合创新效率分别为 0.361、0.231、0.245，考虑能源和环境约束后，东、中部上升，西部下降，说明西部的绿色低碳资源配置能力较低。东、中、西部内部省区市间传统综合创新效率的变异系数分别为 0.634、0.545、0.407，考虑能源和环境约束后，东、中部均为下降，西部提高，可见考虑能源和环境约束后，东、中、部省市间工业企业的差异有收敛趋势，西部有扩大趋势。

东、中、西部工业企业传统纯技术创新效率分别为 0.627、0.390、0.340，考虑能源与环境约束后，东、西部为下降，中部为上升，说明中部工业企业的绿色低碳技术管理水平较低。东、中、西部省区市间传统纯技术创新效率的变异系数分别为 0.416、0.511、0.429，考虑能源和环境约束后，东、中部地区均提高，西部为下降，可见考虑能源和环境约束后，东、中部省市间的差异变大，西部的变小。

东、中、西部工业企业传统规模效率分别为 0.567、0.581、0.725，考虑能源和环境约束后，东、中部上升，西部下降，说明西部工业企业的绿色低碳规模水平较低。东、中、西部工业企业传统规模效率的变异系数分别为0.337、0.159、0.200，考虑能源和环境约束后，东部下降，中、西部均为提高，可见考虑能源和环境约束后，东部的差异有收敛趋势，中、西部的有扩大趋势，但三个地区的变异系数均不大。

表6-20 2006~2015年全国及东、中、西部三大地区工业企业绿色低碳创新效率与传统创新效率的比较

地区		绿色低碳创新效率			传统创新效率		
		CTE	PTE	SE	CTE	PTE	SE
均值	全国	0.335	0.466	0.690	0.284	0.459	0.642
	东部	0.526	0.625	0.821	0.361	0.627	0.567
	中部	0.261	0.456	0.621	0.231	0.390	0.581
	西部	0.197	0.315	0.609	0.245	0.340	0.725
变异系数	全国	0.659	0.517	0.241	0.510	0.468	0.234
	东部	0.555	0.482	0.192	0.634	0.416	0.337
	中部	0.526	0.544	0.378	0.545	0.511	0.159
	西部	0.517	0.394	0.202	0.407	0.429	0.200

七、本章小结

工业企业是国民经济的支柱产业，工业企业的科技活动反映中国绿色低碳创新水平的高低，关系中国经济增长方式转变的速度。对工业企业绿色低碳创新活动进行深入研究对提高工业企业绿色低碳创新能力、促进区域可持续发展具有重大现实意义。本章首先构建各省区市工业企业传统创新效率的评估指标体系，采用C^2R和BC^2模型分别对区域工业企业的传统

综合创新效率和纯技术创新效率进行评估,并分区域和东、中、西部三大地区分别对其传统综合创新效率、纯技术创新效率和规模效率进行了静态和动态的比较;其次,构建包含非期望产出的工业企业绿色低碳创新效率的评价指标体系,采用包含非期望产出的 SBM 模型,对各省区市工业企业的绿色低碳综合创新效率和绿色低碳纯技术创新效率进行了评估,并分东、中、西部三大地区分别对其综合创新效率、纯技术创新效率和规模效率进行了静态和动态的比较;再次,对区域工业企业绿色低碳创新投入产出指标的冗余率和不足率进行了测算,对工业企业绿色低碳创新无效率的原因进行了分析;最后,对工业企业绿色低碳创新效率和传统创新效率进行了比较。研究发现,各省区市工业企业绿色低碳规模效率普遍较低,两极分化现象严重,各省区市工业企业绿色低碳综合和纯技术创新效率均存在很大差异,但规模水平的差异较小;绿色低碳三大效率总体上均呈上升趋势,技术水平的提升速度大于规模水平的提升速度;各省区市间工业企业绿色低碳纯技术创新效率有收敛趋势,技术水平的差异大于规模水平的差异;考虑能源环境约束后,东部大多数省市的工业企业的绿色低碳创新效率有所提高,中、西部的大多为下降,说明西部地区的绿色低碳发展水平较低;不考虑能源与环境约束时,东部创新效率低的主要原因是规模水平没有达到最优,而中、西部是由于技术水平较低,而考虑能源和环境约束后,各地区无效率的主要原因均为技术无效,而非规模无效;造成区域工业企业绿色低碳综合创新无效率的首要原因是非期望产出无效率,而造成纯技术创新无效率的首要原因是期望产出无效率;分要素来看,首要原因则均为发明专利产出不足。说明加强绿色低碳转型和提高研发创新能力是提高各省区市工业企业绿色低碳创新效率的重要途径。

第七章
山西绿色低碳创新效率的比较与分析

一、山西绿色低碳创新现状

山西是中国的煤炭大省,长期以来向全国输送了大量的能源产品,为中国经济社会发展和保障国家能源安全做出了重要贡献,但也形成了"一煤独大"的结构性问题,经济发展过度依赖煤炭产业,能源利用效率较低,煤炭燃烧过程中产生的二氧化碳,对生态环境造成了严重的破坏,致使经济发展的"高碳"特征非常明显,碳排放无论是总排放量、人均排放量和单位GDP排放量在全国都名列前茅,是中国碳密度最高的经济体,碳排放系数高出全国平均水平80%。2010年,山西被确定为国家资源型经济转型综合配套改革试验区,至此,山西踏上了向绿色低碳转型的艰难旅程。2018年,山西贯彻落实习近平总书记视察山西时的重要指示,提出了"争当全国能源革命排头兵"的战略部署。在绿色低碳转型时期,山西面临着经济运行下滑、能源资源枯竭和环境污染严重的现状,承载着前所未有的转型和减排的压力。对山西绿色低碳创新活动的现状及其规律进行科学评估,对山西进行经济转型和提升绿色低碳创新效率具有重要现实意义。

(一) 山西科技创新现状

1. 科技发展现状

近年来,由于受资源型地区经济转型的影响,山西经济发展规模虽仍呈上升趋势,但经济增速大幅减缓。图7-1为2006~2015年山西GDP及工业增加值增长趋势,从中可以看出,10年来,GDP整体上呈上升趋势,经济规模不断扩大。2006年,山西GDP仅为3462.39亿元(以2000年为基期),2015年达到7659.17亿元,比2006年增加了1.21倍;从GDP增速来看,10年间,呈波动下降趋势。工业是山西的支柱产业,但是工业发展形势却不容乐观。2006~2015年,山西工业GDP整体上呈上升趋势,但是期间有两年(2009年和2015年)比上年出现下降,其中,2009年主要是受金融危机的影响,山西的经济呈现下降态势,而2010年以后,主要是由于山西实行绿色低碳转型发展,许多高耗能和高污染企业被关停和

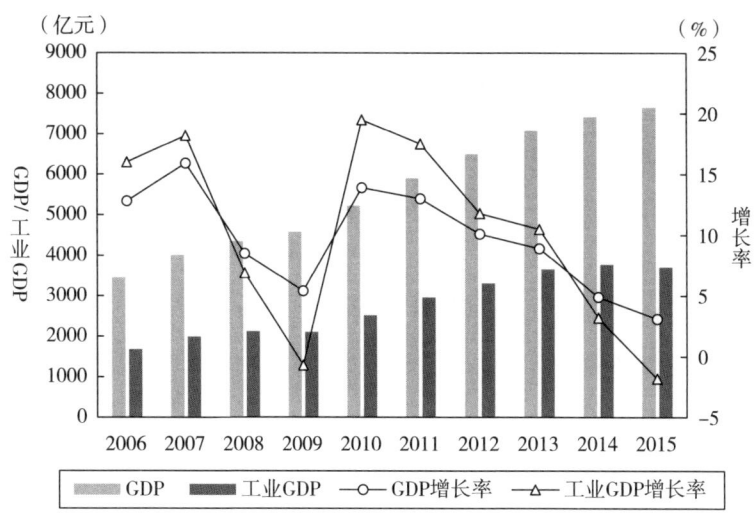

图7-1 2006~2015年山西GDP及工业增加值增长趋势

淘汰，对经济发展产生了较大影响。10年来，工业GDP增长率也呈波动下降趋势，反映出近年来山西工业经济发展下滑也比较严重。

从高新技术产业来看，"十二五"期间，山西加大对高新技术企业发展的支持力度，尤其是在资金支持力度方面，对高新技术产业相关领域财政支出明显增加，税收明显减少，并且加大了对基础设施建设的力度，使其充分发挥集聚效应，逐渐形成高新技术产业集群，初步形成了一批具有地方特色、科技创新能力强的产业集群或产业基地。例如，太原高新技术产业开发区和长治高新技术开发区等。山西还积极加强对外技术交流与合作，推进以产业技术战略联盟为主要形式的产学研合作，如山西煤产业自主创新战略联盟、山西磁材联盟、中药注射剂产业联盟等。但是，与全国其他发达区域相比，差距还很大。从高新技术企业数量方面来看，2001年，山西高技术产业企业数为131家，在全国排名居第24名，2015年为139家，在全国排名仍居第24名，2015年比2001年仅增长了6.11%，与全国其他省域相比，增长幅度偏小。

2. 山西科技创新现状

近年来，山西深入贯彻落实党中央、国务院关于实施创新驱动发展战略的重要精神，大力推进科技创新，区域创新能力稳步提升，区域创新体系不断完善，区域创新环境持续优化，深化科技计划管理改革迈出坚实步伐。随着各项加快科技创新推动经济转型的重大策略的出台，山西大幅度提高了科技创新投入，投入和产出各项指标均处于上升趋势，科技创新已逐渐成为全省经济社会发展的重要推动力。2006年山西全省R&D人员投入达3.88万人年，2015年达4.29万人年，比2006年增长了10.57%；2006年R&D经费内部支出约36.34亿元，2015年达132.53亿元，比2006年增长了2.65倍，可见，近年来山西在科技创新人员和经费的投入上有了较大提高（见图7-2）。

第七章 山西绿色低碳创新效率的比较与分析

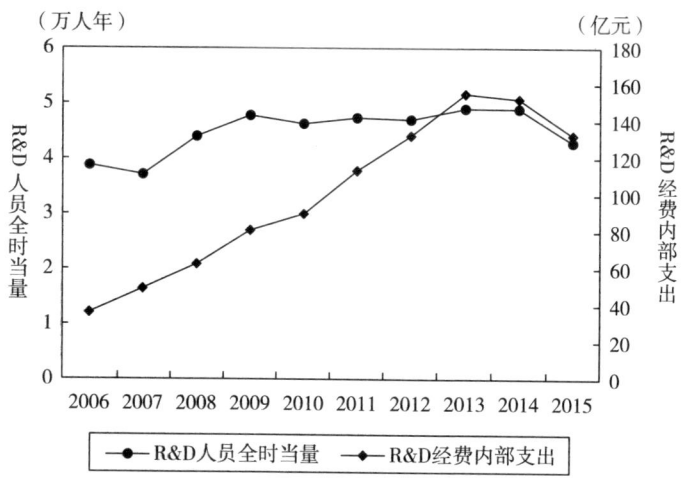

图 7-2 2006~2015 年山西科技创新投入变动趋势

与此同时，科技成果产出也逐年攀升，2015 年全省在三大检索系统收录的科技论文数达 4750 篇，比 2006 年的 1401 篇增长了 2.39 倍，2015 年全省发明专利授权数达 2259 件，比 2006 年的 314 件增长了 6.19 倍；新产品销售收入约 782.63 亿元，比 2006 年的 404.18 亿元增长了 93.63%（见图 7-3）。

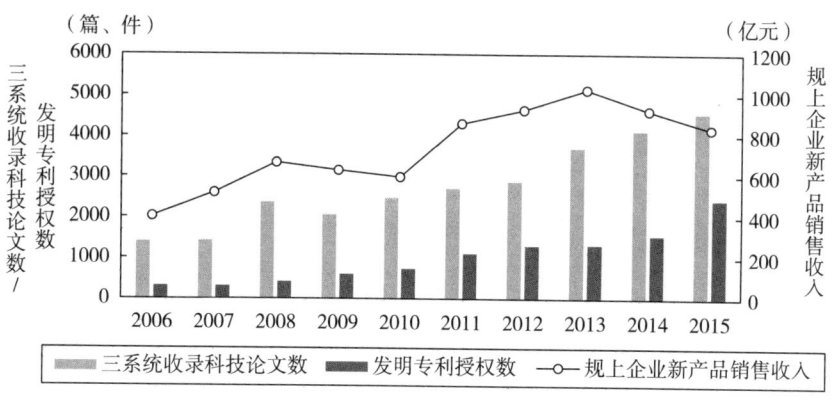

图 7-3 2006~2015 年山西科技创新产出变动趋势

从工业企业来看,近年来,山西工业企业科技创新人员和经费的投入力度也迅速增加。2006~2015年,科技创新投入与产出均呈明显的增长势头。2006年,工业企业R&D人员投入达2.47亿人年,2015年达2.95亿人年,年均增长1.9%;2006年R&D经费内部支出约25.02亿元,2015年达97.63亿元,年均增长29.01%倍(见表7-1)。与此同时,科技成果产出也同样逐年攀升,2006年全省工业企业发明专利授权数达264件,2015年达4468件,年均增长约1.59倍,2006年新产品销售收入约404亿元,2015年达833亿元,年均增长10.63%。可见,近年来山西的科技创新投入产出均有了很大提高。表7-1为山西工业企业科技创新投入产出与全国及中部地区的比较,从中可以看出,山西与中部和全国相比,无论是投入还是产出都处于落后位置,都还有很大差距。

表7-1 山西工业企业科技创新投入产出与全国及中部地区的比较

地区	指标	2006年	2011年	2015年	均值	年均增长（%）
山西	R&D人员全时当量（亿人年）	2.47	3.25	2.95	30102.41	1.90
	R&D经费内部支出（亿元）	25.02	89.59	97.63	77.59	29.01
	有效发明专利数（件）	264.00	1659.00	4468.00	1778.00	159.24
	新产品销售收入（亿元）	404.00	861.00	833.30	734.19	10.63
中部	R&D人员全时当量（亿人年）	2.08	5.59	7.99	5.19	28.32
	R&D经费内部支出（亿元）	31.54	155.94	316.15	155.27	90.25
	有效发明专利数（件）	523.50	4097.67	14193.00	5090.67	261.12
	新产品销售收入（亿元）	544.13	2399.09	4598.38	2366.87	74.51
全国	R&D人员全时当量（亿人年）	2.32	6.46	9.01	5.97	28.84
	R&D经费内部支出（亿元）	54.34	199.79	364.81	193.81	57.13
	有效发明专利数（件）	972.53	6701.03	19122.55	7490.69	186.63
	新产品销售收入（亿元）	1041.13	3352.70	5028.36	3051.23	38.30

（二）山西碳排放现状

山西是能源生产大省，也是能源消费大省，能源消耗具有"低品位、结构性和集中性"特征。多年来，单位产出能耗在全国名列前茅，形成了以能源原材料生产为主，高投入、高消耗、高污染的粗放型经济增长方式。

图7-4为2006~2015年山西碳排放趋势，从中可以看出，近年来，山西在碳减排方面的成果非常显著，随着全省产业结构、能源结构的逐步优化以及产业技术装备水平逐步提升，单位地区生产总值二氧化碳排放呈持续下降趋势。2006年单位地区生产总值碳排放约为1.42吨/万元，在全国处于第三名，2015年下降到0.81吨/万元，在全国仍处于第3名。碳排放总量在2012年达到峰值后，总体呈波动下降趋势，但碳排放强度总体上呈下降趋势。工业碳排放的变化趋势和全省碳排放的变化趋势基本一致。从中还可以看出，工业碳排放在全省的碳排放中占有相当大的比重，而且工业碳排放强度远高于总体的碳排放强度，可见加大产业结构调整是山西实现碳减排的重要途径。

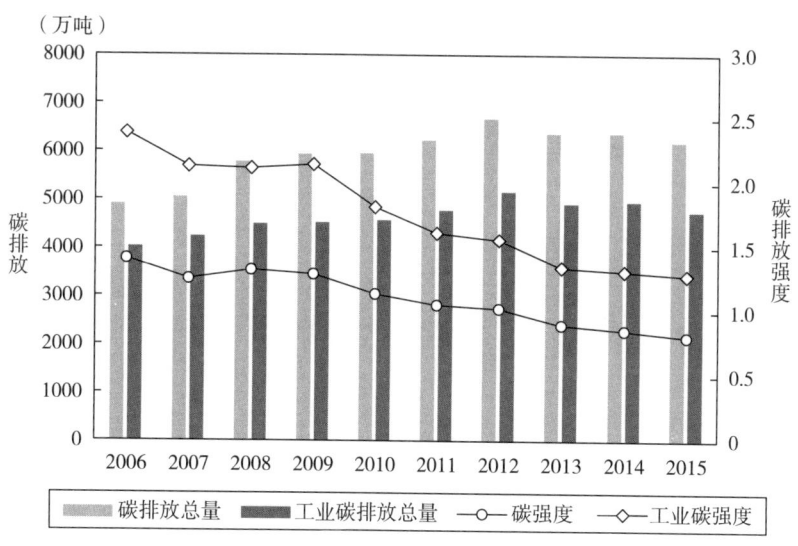

图7-4　2006~2015年山西碳排放趋势

由于山西的能源消耗具有能耗总量大、能源品种单一、能源消费结构不优、低碳能源不足、高耗能产业和行业比重过大的特点，使其碳排放水平在全国一直名列前茅。从图7-5可以看出，无论是与中部还是全国其他省域相比，还是与中部地区的省份相比，山西的碳排放水平均处于高位，碳排放强度远高于中部和全国平均水平。2006~2015年，碳排放强度均值在全国排名第二，仅次于宁夏，主要是由于山西的产业结构倚重，能源消费较高。可见，山西的节能减排工作面临的压力非常之大。

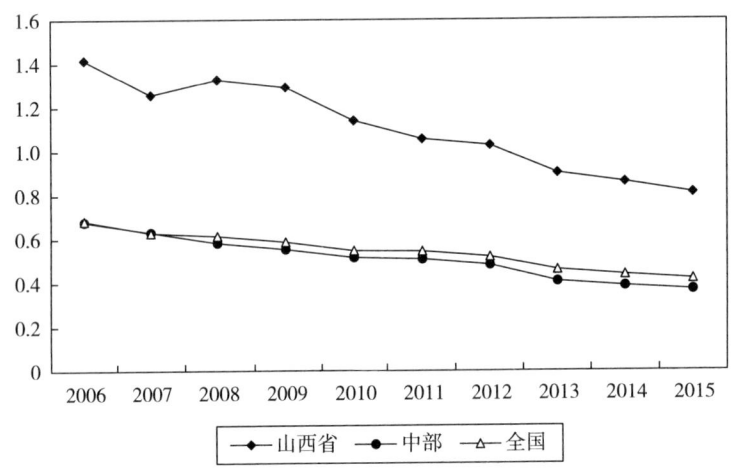

图7-5　2006~2015年山西碳排放强度与全国及中部地区比较

（三）山西环境污染现状

长期以来，高能耗、高排放和高污染给山西的生活环境带来了沉重的代价，能源约束与环境污染问题非常突出。从图7-6可以看出，无论是与全国还是与中部地区相比，山西的环境污染均处于高位，2006~2015年，山西以"三废"排放计量的环境污染指数均值均高于中部和全国平均水平。目前，山西正处于工业化、城市化的加速期，处于需要大量消耗的重化工发展阶段和基础设施建设高峰期，能源和环境问题仍然是社会经济发展的重要约束。在全国加强生态文明建设的大背景下，如果继续沿袭以"高投入、高增长、低效益"为特征的传统的经济增长方式，资源将难以支撑，环境也难以承载，必须实施绿色创新，加快转型发展。

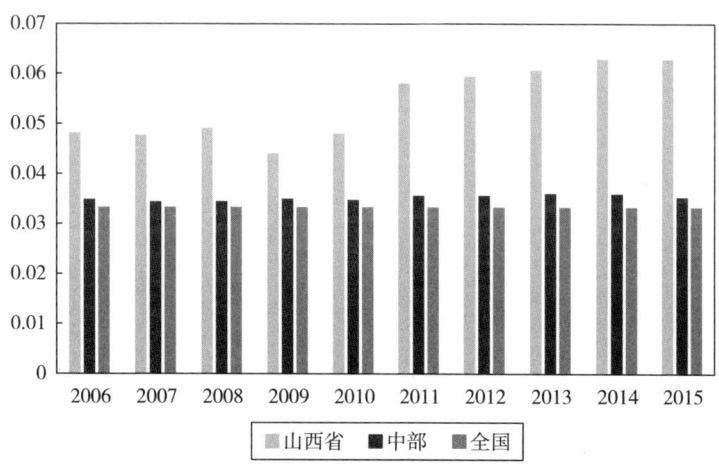

图7-6 2006~2015年山西环境污染指数与全国及中部地区比较

二、山西传统创新效率分析

（一）区域整体

从表7-2可以看出，2006~2015年，山西传统综合创新效率的均值为0.275，存在0.725的提升空间，效率损失严重，在全国30个省区市中居第27名，在中部8省中居第8名，比全国的均值0.491减少了

43.99%，比中部地区的均值 0.524 减少了 47.52%，说明山西传统综合创新效率的提升空间还很大。山西传统纯技术创新效率的均值为 0.368，存在 0.632 的提升空间，无效率现象严重，在全国 30 个省区市中位列 29 名，在中部 8 省中居第 8 名，比全国的均值 0.578 减少了 36.33%，比中部的均值 0.582 减少了 36.77%，说明山西传统纯技术创新效率的提升空间还很大。山西传统规模效率的均值为 0.732，存在 0.268 的提升空间，规模效率损失较小，在全国 30 个省区市中位列 24 名，在中部 8 省中居于第 7 名。比全国的均值 0.845 减少了 13.37%，比中部的均值 0.872 减少了 16.06%，可见虽然传统规模效率的损失不大，但与全国及中部地区相比还有一定差距。

表 7-2　2006~2015 年山西传统创新效率与全国及中部地区的比较

	指标	山西		中部		全国	
		均值	年增长率（%）	均值	年增长率（%）	均值	年增长率（%）
区域	传统综合创新效率	0.275	11.39	0.524	6.01	0.491	7.13
	传统纯技术创新效率	0.368	4.97	0.582	4.30	0.578	4.84
	传统规模效率	0.732	4.28	0.872	1.67	0.845	1.53
工业	传统综合创新效率	0.147	18.69	0.231	17.0	0.284	15.27
	传统纯技术创新效率	0.227	4.22	0.390	8.19	0.459	8.67
	传统规模效率	0.647	10.18	0.581	4.72	0.629	3.58

（二）工业企业

从表 7-2 中可以看出，2006~2015 年，山西工业企业传统综合创新效率的均值为 0.147，小于区域整体的均值，效率损失严重，在全国 30 个省区市中居第 27 名，在中部 8 省中居第 6 名，比区域整体的排名靠前了 2 名。比全国的均值 0.284 减少了 93.20%，比中部地区的均值 0.231 减少了 36.36%，说明山西工业企业传统综合创新效率的提升空间还很大。山西工业企业传统纯技术创新效率的均值为0.227，小于区域整体的均值，效率损失严重，在全国30个省区市中位列第27名，比区域整体的均值提前了2名，在中部8省中居于第7名，比区域整体的均值提前了1名。比全国均值0.459减少了50.54%，比中部均值0.390减少了41.79%，说明山西工业企业传统纯技术创新效率的提升空间还很大。山西工业企业传统规模效率的均值为0.647，小于区域整体的均值，规模效率损失较小，在全国30个省区市中位列第15名，在中部8省中居于第4名。与全国均值0.629相比，提高了2.86%，比中部均值0.581提高了11.36%，说明山西工业企业传统规模效率高于全国及中部工业企业的传统规模效率。

三、山西绿色低碳创新效率分析

（一）区域整体

从表7－3中可以看出，2006～2015年，山西绿色低碳综合创新效率的均值为0.129，存在0.871的提升空间，效率损失非常严重，在全国30个省区市中居第27名，在中部8省中居于第8名。比全国均值0.334减少了61.38%，比中部地区的均值0.326减少了60.43%，说明山西绿色低碳综合创新效率的提升空间还很大。山西绿色低碳纯技术创新效率的均值为0.147，存在0.853的提升空间，效率损失非常严重，在全国30个省区市中居第27名，在中部八省中居于第8名，比全国的均值0.426减少了65.50%，比中部地区的均值0.422减少了65.17%，说明山西绿色低碳纯技术创新效率的提升空间还很大。山西绿色低碳规模效率的均值为0.871，存在0.129的提升空间，效率损失较小，在全国30个省区市中居第9名，在中部8省中居于第2名，与全国的均值0.792相比，提高了9.07%，比中部地区的均值 0.776 提高了 12.24%，可见山西绿色低碳规模效率在全国及中部地区均居于前列。

表 7-3 2006~2015 年山西绿色低碳创新效率与全国及中部地区的比较

	指标	山西		中部		全国	
		均值	年增长率(%)	均值	年增长率(%)	均值	年增长率(%)
区域	绿色低碳综合创新效率	0.129	5.53	0.326	19.02	0.334	11.63
	绿色低碳纯技术创新效率	0.147	1.50	0.422	16.35	0.426	11.14
	绿色低碳规模效率	0.871	3.14	0.776	0.62	0.792	0.77
工业	绿色低碳综合创新效率	0.119	4.85	0.261	13.41	0.335	8.42
	绿色低碳纯技术创新效率	0.207	2.95	0.456	4.48	0.466	4.15
	绿色低碳规模效率	0.571	1.50	0.621	4.44	0.690	2.82

（二）工业企业

从表 7-3 中可以看出，2006~2015 年，山西工业企业绿色低碳综合创新效率的均值为 0.119，小于区域整体的均值，效率损失非常严重，在全国 30 个省区市中居第 28 名，比区域整体的排名后退了 1 名，在中部 8 省中居于第 8 名，与区域整体的排名一样。比全国的均值 0.335 减少了 64.48%，比中部地区的均值 0.261 减少了 54.41%，说明山西工业企业绿色低碳综合创新效率的提升空间还很大。山西工业企业绿色低碳纯技术创新效率的均值为 0.207，大于区域整体的均值，效率损失非常严重，在全国 30 个省区市中居第 28 名，比区域整体的排名后退了 1 名，在中部 8 省中居于第 8 名，比与全国的均值 0.466 减少了 55.58%，比中部地区的均值 0.456 减少了 54.61%，说明山西工业企业绿色低碳纯技术创新效率的提升空间还很大。山西工业企业绿色低碳规模效率的均值为 0.571，小于区域整体的均值，效率损失较大，在全国 30 个省区市中居第 24 名，在中部 8 省中居于第 6 名。比全国的均值 0.690 减少了 17.25%，比中部地区的均值 0.621 减少了 8.05%,说明山西工业企业绿色低碳规模效率低于全国及中部的均值。

四、山西绿色低碳创新效率的动态演变

为了清楚地呈现山西区域整体和工业企业绿色低碳创新效率的动态变化趋势,本书选择 2006~2015 年的数据,对山西区域整体和工业企业绿色低碳创新三大效率的动态演变规律进行了研究。

(一) 区域整体

图 7-7 为 2006~2015 年山西传统创新效率的动态演变。从中可以看出,传统创新三大效率总体上均呈上升趋势,规模效率高于纯技术创新效率,说明技术无效性始终是创新无效率的主要原因,但纯技术创新效率的提升速度高于规模效率的提升速度。

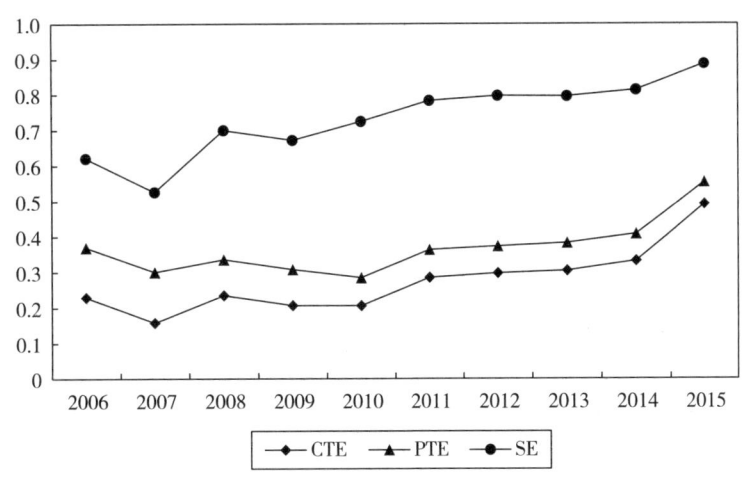

图 7-7 2006~2015 年山西传统创新效率的动态演变

图7-8为2006~2015年山西绿色低碳创新效率的动态演变。从中可以看出,绿色低碳创新三大效率总体上均呈上升趋势,综合创新效率与纯技术创新效率比较接近,规模效率远高于纯技术创新效率,说明技术无效性是造成山西绿色低碳创新无效率的主要原因,但纯技术创新效率的提升速度低于规模效率的提升速度,说明规模效率增长较快。

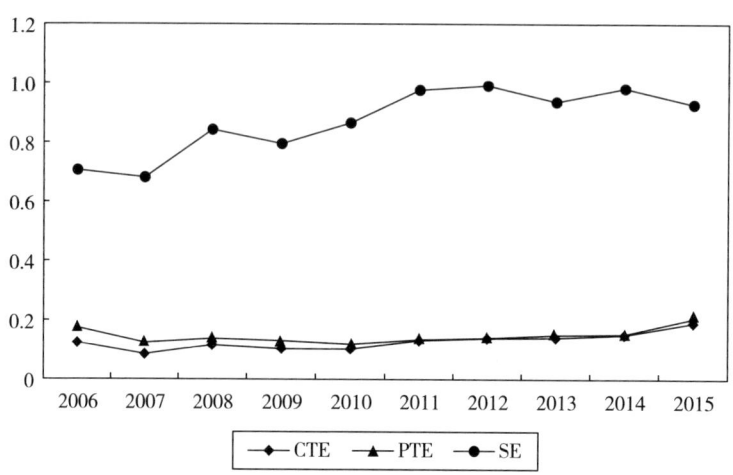

图7-8 2006~2015年山西绿色低碳创新效率的动态演变

(二) 工业企业

图7-9为2006~2015年山西工业企业传统创新效率的动态演变。从中可以看出,传统创新三大效率总体上均呈上升趋势,传统规模效率高于纯技术创新效率,说明技术无效性始终是工业企业创新无效率的主要原因。传统规模效率的提升速度远高于纯技术创新效率的提升速度,说明山西技术管理水平的提升潜力还很大,有待进一步挖掘。

图7-10为2006~2015年山西工业企业绿色低碳创新效率的动态演变。从中可以看出,绿色低碳创新三大效率总体上均呈上升趋势,传统规模效率远高于纯技术创新效率,说明技术无效性是造成山西绿色低碳创新

无效率的主要原因，但纯技术创新效率的提升速度高于规模效率的提升速度。

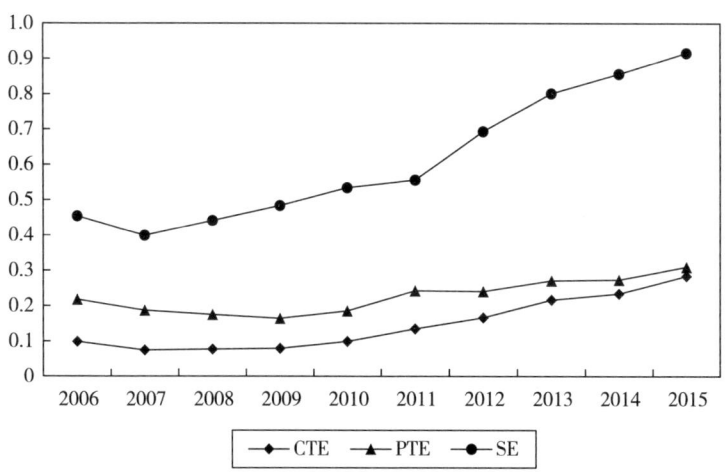

图7-9　2006~2015年山西工业企业传统创新效率的动态演变

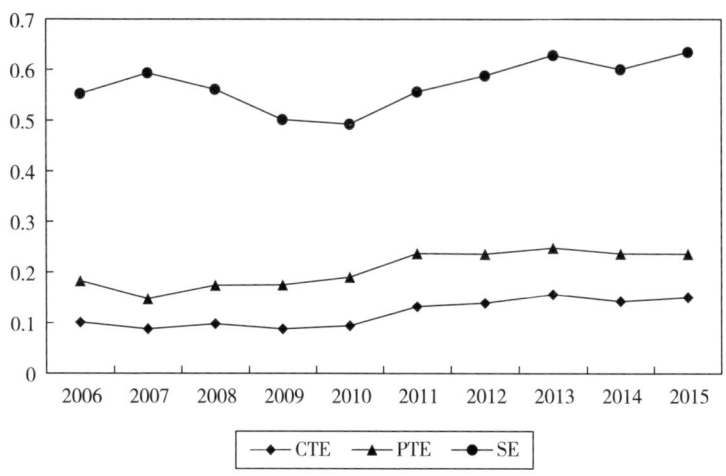

图7-10　2006~2015年山西工业企业绿色低碳创新效率的动态演变

五、山西绿色低碳创新潜力分析

为了进一步探索造成山西绿色低碳创新无效率的原因，了解山西绿色低碳资源配置的现状，下面分别对山西区域整体及工业企业绿色低碳综合创新效率和绿色低碳纯技术创新效率中各投入产出要素的冗余率和不足率进行分析，并与中部和全国进行比较。

（一）区域整体

1. 绿色低碳综合创新效率

表7-4为2006~2015年山西绿色低碳创新效率中各投入产出无效率的分解。从投入来看，3项投入指标均存在冗余。3项投入的平均冗余率为76.04%，其中，能源投入冗余最大，人员投入次之，经费投入位居第三，3项指标均高于全国和中部地区的均值。从非期望产出来看，2项指标的平均冗余率为92.25%，其中，环境污染冗余最为严重，2项指标均高于全国和中部地区的平均水平。从期望产出来看，平均不足率为34.86%，其中，发明专利产出的不足率为0，低于中部和全国平均水平；科技论文的不足率为4.58%，高于中部地区的平均水平，低于全国平均水平；新产品产出不足率达99.99%，高于中部地区和全国平均水平；在3项产出中，新产品产出不足是造成产出无效率的主要原因。

综上所述，山西绿色低碳综合创新活动中存在严重的资源配置不合理现象。从投入产出来看，非期望产出在无效率原因分解中贡献率最大，其次是人员投入，期望产出位居第三；分要素来看，按投入产出无效率大小的排序分别为新产品产出不足、环境污染冗余、能源投入冗余、碳排放冗余、R&D人员投入冗余、R&D经费投入冗余和科技论文产出不足。

第七章　山西绿色低碳创新效率的比较与分析

表 7-4　2006~2015 年山西绿色低碳创新效率中投入产出无效率的分解

单位：%

区域		lab	cap	ei	ci	epi	pap	lat	pro
综合	山西	75.93	65.97	86.22	84.65	97.84	4.58	0.00	99.99
	中部	55.37	26.60	65.01	65.57	84.43	1.26	110.45	46.91
	全国	55.79	31.05	58.67	57.09	81.37	11.45	69.19	96.31
纯技术	山西	68.54	58.03	70.81	68.29	97.79	4.06	5.08	538.31
	中部	42.84	17.52	26.35	26.10	77.86	10.33	127.70	260.27
	全国	42.41	20.41	31.21	28.74	74.50	19.66	88.70	297.32

2. 绿色低碳纯技术创新效率

从表 7-4 中可以看出，山西绿色低碳纯技术创新活动中也存在严重的资源配置不合理现象。3 项投入指标的平均冗余率为 65.79%，其中，能源投入冗余最大，人员投入次之，经费投入位居第三，且 3 项投入要素的冗余率均高于中部和全国平均水平；非期望产出平均冗余率为 83.04%，其中，环境污染冗余最为严重，且 2 项非期望产出的冗余率均高于中部和全国平均水平；期望产出不足率平均为 182.48%，其中，新产品产出不足率最高，3 项期望产出中，科技论文和专利产出的不足率低于中部和全国平均水平，新产品产出不足率高于中部和全国平均水平；期望产出在无效率原因分解中贡献最大，说明它是造成绿色低碳纯技术创新无效率的最主要原因。分要素来看，按投入产出无效率大小的排序分别为新产品产出不足、环境污染冗余、能源投入冗余、碳排放冗余、R&D 人员投入冗余、R&D 经费投入冗余、专利产出不足和科技论文产出不足。

（二）工业企业

1. 绿色低碳综合创新效率

表 7-5 为 2006~2015 年山西工业企业绿色低碳综合技术创新效率中投入产出无效率的分解。从投入来看，3 项投入指标均存在冗余，平均冗

余率为82.50%，其中，能源冗余最大，人员投入次之，经费投入位居第三，3项指标均高于全国和中部地区的均值。从非期望产出来看，2项指标均存在较严重的冗余，冗余率平均为94.46%，其中，环境污染冗余最为严重，冗余率达95.54%，碳排放冗余率为93.37%，2项指标均高于全国和中部地区的平均水平。从期望产出来看，两项期望产出均不存在冗余，发明专利和新产品产出的不足率均为0。可见，山西工业企业绿色低碳综合创新无效率的原因主要是非期望产出无效率和投入无效率，非期望产出无效率最为严重。分要素来看，按投入产出无效率大小的排序分别为环境污染冗余、碳排放冗余、能源投入冗余、R&D人员投入冗余、R&D经费投入冗余。

表7-5 2006~2015年山西工业企业绿色低碳创新效率中投入产出无效率的分解　　　　单位：%

区域		lab	cap	ei	ci	epi	lat	pro
综合	山西	81.31	73.29	92.89	93.37	95.54	0.00	0.00
	中部	54.90	36.69	81.94	82.84	83.60	121.19	0.00
	全国	45.20	34.36	73.00	73.32	71.82	92.35	17.36
纯技术	山西	54.86	29.53	61.40	62.87	91.78	323.03	149.27
	中部	31.87	10.73	29.37	33.95	70.79	234.68	53.64
	全国	29.27	16.02	29.78	31.70	65.67	184.87	82.60

2. 绿色低碳纯技术创新效率

从表7-5中可以看出，山西工业企业绿色低碳纯技术创新活动中也存在严重的资源配置不合理现象。3项投入的平均冗余率为48.60%，其中，能源投入冗余最大，人员投入次之，经费投入位居第三，且3项投入要素的冗余率均高于中部地区和全国平均水平。非期望产出冗余率平均为77.33%，其中，环境污染冗余最为严重，冗余率达91.78%，碳排放冗余率为62.87%，2项指标均高于全国和中部地区的平均水平。

期望产出不足率平均为 236.15%，专利产出不足率最大，达 323.03%，新产品产出次之，达 149.27%，且 2 项期望产出的不足率均高于中部地区和全国平均水平。期望产出不足在无效率原因分解中贡献最大，非期望产出冗余次之，投入冗余位居第三。分要素来看，按投入产出无效率大小的排序分别为专利产出不足、新产品产出不足、环境污染冗余、碳排放冗余、能源投入冗余、R&D 人员投入冗余和 R&D 经费投入冗余。

六、山西提高绿色低碳创新效率的对策建议

山西是中国重要的能源和原材料供应区，承担着为沿海发达省份提供电力、原材料等高碳产品的重要任务。目前，山西科技创新效率和绿色低碳创新效率与中国发达地区相比还有很大差距，绿色低碳创新工作任重而道远，要想加快推动转型发展、创新发展、绿色发展和低碳发展，全力破解资源型经济困局，必须从以下几方面入手：首先，要加大创新资金的投入力度。构建有利于创新的多元化的投融资体系，加大对企业研发创新的投入力度，解决创新投入不足的问题。其次，要构建以企业为主体的政产学研协同创新体系。构建以企业为主体，由政府主导的政产学研协同创新体系，加强技术市场平台建设，提高科技成果转化效率，提升区域科技成果转化能力。再次，要壮大创新型人才队伍。积极营造识才、爱才、敬才、用才的社会氛围，坚持以人为本，提高社会开放度，提升人才的吸附能力；完善人才培养、引进和使用机制，建立健全各项创新型人才的激励机制和容许失败的创新包容机制，激发创新型人才的创新积极性和主动性，提升人才的创新能力。最后，要加快绿色低碳转型发展。立足山西能源优势，培育能源转型升级新动力，大力

发展新材料、高载能、高端装备制造、能源服务业等产业，构建具有竞争优势的现代产业体系，带动产业转型；广泛开展国际能源合作，积极鼓励引进跨国公司在晋投资，提升对外吸引力、打造国际品牌；选择重大科技领域，以绿色低碳为主攻方向，提升能源领域自主创新能力，突破能源核心技术，争当能源革命"排头兵"；加快战略性新兴产业布局，加快产业结构优化和升级，解决经济"高碳性特征"问题，补齐制约山西绿色低碳创新的"短板"。

七、本章小结

在全球应对气候变化的大背景下，世界低碳无碳化进程加快，"去煤化"已经成为世界主要发达经济体的政策主流，如何加快区域绿色低碳转型、提升创新驱动能力成为山西目前亟待解决的首要任务。本章立足山西现状，对其科技创新和绿色低碳发展现状进行了系统分析，对山西区域整体和工业企业的传统创新效率和绿色低碳创新效率进行了测算，对创新无效率的原因进行了探索，同时，还与中部地区及全国进行了比较，找出了山西与其他区域的差距，并针对实际提出了相应的对策建议。研究发现，山西整体和工业企业的绿色低碳综合创新效率和纯技术创新效率均非常低，与中部地区和全国相比均居于倒数的位次，规模效率相对较高，均高于中部和全国的平均水平；绿色低碳创新三大效率总体上均呈上升趋势，与全国大多数区域一样，技术无效性始终是山西整体和工业企业绿色低碳创新无效率的主要原因。从投入产出来看，非期望产出冗余是造成山西整体和工业企业绿色低碳综合创新无效率的最主要原因，而期望产出不足是造成绿色低碳纯技术创新无效率的最主要原因。分要素来看，造成山西整体和工业企业绿色低碳综合创新无效率的原因都是环境污染冗余，山西区域整体绿色低碳纯技术创新无效率的主要原因是新产品产出不足，工业企业绿色低碳纯技术创新无效率的原因是专利产出不足。山西应从加强环境治理、提高成果转化效率、加大研发创新投入力度等方面入手，提升区域绿色低碳创新能力，实现区域跨越式发展。

第八章
区域绿色低碳创新效率的影响因素研究

一、模型构建

Tobit 回归模型又称为删截回归模型，由美国经济学家 Tobin 于 1958 年提出，在 1970 年以前，Tobit 回归模型很少用于经济研究，1970 年以后，它才开始被大量采用。Tobit 回归模型是对部分连续分布或离散分布的因变量提出的一个经济计量学模型，属于因变量受限的回归模型。鉴于 SBM 模型计算得到的效率值是介于 0 到 1 之间的数据，属于受限因变量，需要建立截断因变量回归模型，若采用普通最小二乘法回归，往往会导致参数估计有偏（余淑均，2017）。因此，本书采用 Tobit 模型进行研究，Tobit 模型采用的是最大似然估计方法，可使截断数据得到一致性的估计结果。模型设定如下：

$$eff_{it}^* = \alpha_0 + x_{it}\beta_i + u_i + \varepsilon_{it} \qquad (8-1)$$

其中，i 和 t 分别表示区域与年份，eff_{it}^* 表示被解释变量，本书中指绿色低碳创新效率值。α_0 为截距项，β_i 为解释变量的待估系数，x_{it} 为解释变量，ε_{it} 为扰动项，ε_{it}：$(0, \sigma_\varepsilon^2)$ 分布，u_i 为个体效应，如果 $u_1 = u_2 = \cdots = u_n$，则可直接进行混合回归，如果各区域的个体异质性非常显著，则更适合采用随机效应的面板回归（陈强，2017）。

二、指标选取

绿色低碳创新是一项集经济效益和生态效益"双赢"的活动，环境的好坏与创新活动的成效有密切关系。如区域经济环境的优劣影响创新投资者的信心和投资积极性，影响创新型人才的发展，区域产业结构影响碳排放与生态环境的水平，市场化环境的优劣影响科技研发成果的转化和应用。如果一个区域拥有良好的创新环境，会形成良好的创新氛围，创新活动就能顺利实现。所以，绿色低碳创新效率不仅取决于投入产出因素，而且还受环境等其他因素的影响，本章主要从碳排放水平、经济发展水平、产业结构、对外开放水平、环境规制力度、人力资本水平、技术市场水平、市场化水平及产学研协作水平九个方面来进行研究。为了研究的方便，本书在确定绿色低碳创新三大效率的影响因素的预期方向时，先作统一的假设，对三大效率不作区分。

（一）碳排放水平

碳排放是经济发展带来的副产品，是造成全球气候变化的重要因素。本章的碳排放水平用人均碳排放指标来衡量。人均碳排放越多，对环境造成的破坏越大，会对区域绿色低碳创新效率造成负面影响。因此，碳排放水平对区域绿色低碳创新效率具有负向影响。

（二）经济发展水平

经济发展水平是衡量区域经济实力和基础设施的重要指标，经济发展是科技发展的基础，它能为科技创新提供强大的资金和技术支持。本章的经济发展水平用人均 GDP 来衡量。一般来说，经济发展水平越高的区域，公民的绿色低碳创新意识越强，绿色低碳创新技术设施更健全，绿色低碳技术水平更高，用于绿色低碳创新的知识积累更丰富，在绿色低碳创新投入和产出规模上都具有明显的优势，还能为人们提供广阔的发展空间与就业前景，从而产生人才聚集效应，有利于绿色低碳创新效率的提升。但是，经济发展也会带来环境污染，对区域的生态环境造成破坏。因此，经济发展水平对绿色低碳创新效率的作用方向不确定。

（三）产业结构

产业结构是衡量区域经济发展方式优劣的重要指标，产业结构对区域绿色低碳创新效率有重要影响。本章的产业结构用第二产业产值占地区 GDP 的比重来衡量。第二产业是高污染和高碳产业，第二产业比重越高，能源消耗越大，碳排放总量越大，对环境造成的破坏越大，其绿色低碳创新效率越低。因此，产业结构对区域的绿色低碳创新效率具有负向影响。

（四）对外开放水平

一般来说，对外开放能带来溢出效应，对区域的创新活动具有一定的推动作用。本章的对外开放水平用外商投资企业年底投资总额占 GDP 的比重来衡量。首先，外商投资能够为企业开展绿色低碳创新活动提供部分资金支持；其次，对外开放程度越高，在学习外国先进技术、组织管理水平、与国外人才的交流方面具有更多优势，能为企业开展绿色低碳创新活动提供良好的创新环境。但是，也有学者认为，对外开放会带来环境污染等负面影响，从而降低区域绿色低碳创新效率。因此，对外开放水平对区域绿色低碳创新效率的影响方向也不确定。

（五）环境规制水平

环境规制包括针对绿色低碳技术研发的"研发补贴"和针对污染排放

的"环境税"。前者可以鼓励企业加大绿色低碳技术研发投入,后者可以通过减少污染品生产间接引导绿色低碳技术研发,两者均能间接改善绿色低碳创新环境,有利于绿色低碳创新效率的研究。本章的环境规制水平用工业企业污染治理完成投资占地区 GDP 的比重表示。政府对环境治理越重视,投入力度越大,区域的生态环境会得到改善,也会促进环保技术水平的提高,对绿色低碳创新效率的促进作用越大。但是,环境规制具有"挤出效应",会挤占政府对科技发展的投入。因此,环境规制水平对区域绿色低碳创新效率的影响方向也不确定。

(六) 技术市场水平

成熟规范的技术市场能为企业和研发机构提供良好的技术合作和交易平台,为产学研合作提供有利条件,对研发创新活动具有一定的促进作用。本章的技术市场水平用技术市场成交额占 GDP 的比重来衡量。技术市场水平越高,区域科技研发成果的价值得到转化和应用的机会越多,区域的绿色低碳创新效率越高。因此,技术市场水平对区域的绿色低碳创新效率具有正向影响。

(七) 人力资本水平

绿色低碳创新活动是一项智力活动,需要劳动者具备较高的知识水平和丰富的想象力,在知识的应用和转化方面也需要高技术的人才去实现。本章的人力资本水平用从业人员人均受教育年限来衡量,计算公式为:从业人员人均受教育年限 = 小学学历从业人员比重×6 + 初中学历从业人员比重×9 + 高中学历从业人员比重×12 + 专科学历从业人员比重×15 + 本科学历从业人员比重×16 + 研究生学历从业人员比重×20。各学历从业人员比重数据来源于《中国劳动统计年鉴》,小学、初中、高中、专科、本科和研究生受教育年限分别按 6 年、9 年、12 年、15 年、16 年和 20 年进行计算。创新驱动实质上是人才驱动,而人才驱动的根本则在于教育,人均受教育程度越高,区域绿色低碳创新效率越高。因此,人力资本水平对区域绿色低碳创新效率具有正向影响。

(八) 市场化水平

市场化水平反映了经济发展对市场经济运行机制的依赖程度，市场化水平越高，市场要素越健全，市场机制功能就越强。本章的市场化水平用国有控股企业工业销售产值占规上企业工业销售产值的比重来衡量。国有企业占比越高，市场化水平越低，市场主体的自由度越低，相对于充分竞争的市场，创新主体的创新动力就会受到限制。因此，市场化水平对区域绿色低碳创新效率具有负向影响。

(九) 产学研协作水平

产学研协作是科技与经济结合的一条重要途径，是衡量区域创新要素有效组合程度的重要指标。产学研协作把知识的发现与应用相统一，有利于知识的学习和能力的转化，对创新型人才的培养有积极的促进作用，能加快科技成果的商业化和产业化，还能使企业获得技术和智力支持，降低生产成本。本章的产学研协作水平用高校与科研机构 R&D 经费支出中企业所占的比重来衡量。产学研协作水平越高，创新的目标明确，科研的动力和机会越多，创新成果的应用前景也更加明确和广阔，成果的价值也能得到更好的实现。因此，产学研协作水平对区域绿色低碳创新效率具有正向作用。区域绿色低碳创新效率影响因素指标、定义及预期方向如表 8-1 所示。

表 8-1　区域绿色低碳创新效率影响因素指标及定义

影响因素	指标及定义	预期方向
碳排放水平	人均碳排放（吨/人）	负
经济发展水平	人均 GDP（万元/人）	不确定
产业结构	第二产业产值占 GDP 比重（%）	负

续表

影响因素	指标及定义	预期方向
对外开放水平	外商投资企业年底投资额占GDP的比重（%）	不确定
环境规制水平	工业企业污染治理完成投资占地区GDP比重（%）	不确定
人力资本水平	从业人员人均受教育年限（年）	正
技术市场水平	技术市场成交额占GDP比重（%）	正
市场化水平	国有控股企业工业销售产值占规上企业工业销售产值的比重（%）	负
产学研协作水平	高校与科研机构R&D经费支出中企业所占的比重（%）	正

三、结果分析

借助Stata15软件，分别以全国及东、中、西部为样本，采用面板回归模型进行实证检验，并采用最大似然法对模型的个体效应进行LR检验，检验结果强烈拒绝"$H_0: \sigma_u = 0$"的原假设，故认为存在个体效应，所以本章采用随机效应面板Tobit模型进行回归。

（一）区域整体

1. 绿色低碳综合创新效率

表8-2为全国及东、中、西部三大地区绿色低碳综合创新效率影响因素作用效应的估计结果。从中可以看出，碳排放水平对绿色低碳综合创

表 8-2 全国及东、中、西部三大地区绿色低碳综合创新效率影响因素作用效应的估计结果

自变量	全国	东部	中部	西部
碳排放水平	-0.0854*** (-2.27)	-0.043 (-0.55)	-0.022 (-0.22)	-0.191*** (-6.62)
经济发展水平	0.0262* (1.68)	0.023 (0.91)	0.276*** (4.47)	0.095*** (3.85)
产业结构	-0.0085*** (-4.19)	-0.016*** (-3.68)	-0.006 (-1.61)	-0.007*** (-3.54)
对外开放水平	0.0092*** (2.90)	0.013*** (3.40)	0.025 (1.53)	0.021*** (3.12)
环境规制水平	0.0002 (0.37)	0.002 (0.92)	0.001 (0.85)	0.001*** (2.54)
人力资本水平	0.0494*** (2.44)	0.008 (0.16)	0.096 (1.57)	0.0045*** (3.06)
技术市场水平	0.0007 (0.14)	-0.011* (-1.85)	-0.097*** (-2.31)	0.014* (1.76)
市场化水平	-0.0020* (-1.86)	0.004 (1.42)	-0.001 (-0.45)	0.455 (0.00)
产学研协作水平	-0.0021*** (-2.20)	-0.002 (-0.97)	0.002 (0.92)	0.00 (0.19)
Constant	0.3853** (1.97)	0.951*** (2.06)	0.896*** (2.19)	0.079 (0.51)
log likelihood	147.73	37.87	38.72	112.41
ρ 值	0.6841	0.10	0.36	0.00

注：括号内为 Z 值，***、**、* 分别表示在 1%、5%、10% 的水平上显著。

新效率有负向影响，与预期方向一致，但是对不同地区的显著性不同，对全国及西部地区有显著负向影响，对东、中、西部地区的影响不显著。经

第八章 区域绿色低碳创新效率的影响因素研究

济发展水平对绿色低碳综合创新效率具有正向影响，只是对东部地区的作用效果不显著，说明经济发展的正向作用超过了其对环境的负向作用，尤其是对中、西部地区的绿色低碳创新效率的提高起到了积极促进作用。产业结构对绿色低碳综合创新效率有负向影响，与预期方向一致，只是对中部的影响效果不显著，说明产业结构优化有利于各地区绿色低碳创新效率的提升。因为发展高新产业、淘汰落后产业都是以技术创新为前提，都能促进新生产技术的研发、应用与扩散，而且随着产业结构的优化，传统高耗能、高污染的产业逐渐被淘汰，在一定程度上能够降低对环境的污染，减少非期望产出，从而提高区域绿色低碳创新效率。对外开放水平对绿色低碳综合创新效率具有正向影响，只是对中部地区的作用效果不显著，说明中国的对外开放为中国各地区的绿色低碳创新活动提供了强大的资金和技术支持，其正向作用超过了其可能对环境产生的负向作用，发挥出了对外开放的溢出效应，对区域的绿色低碳创新活动起到了积极的推动作用。环境规制水平对绿色低碳综合创新效率有正向影响，对西部地区的影响效果显著，对全国及东、中部地区的影响不显著，说明政府对环境治理越重视，对绿色低碳创新效率的促进作用越明显。不显著的原因可能是考察期内政府对环境规制的力度还不大，所以没有起到明显的促进作用。人力资本水平对绿色低碳综合创新效率具有正向影响，与预期方向一致，只是对东、中部地区的影响不显著，可见劳动力受教育程度越高，区域绿色低碳创新效率越高，说明人均受教育程度的提高是提高中国绿色低碳创新效率的重要途径，也说明提高人力资本水平可以提高人力资本的溢出效应，从而提高区域绿色低碳创新效率。技术市场水平对不同地区绿色低碳综合创新效率的影响方向不同，对全国及西部地区具有正向影响，但不显著，对东、中部地区具有显著的负向影响，原因可能是因为中国技术市场还处于发展阶段，成熟度不高，发展不规范，还没有发挥出它应有的作用。技术市场化水平对不同地区的绿色低碳综合创新效率的影响方向不同，对全国和中部有负向影响，对东、西部有正向影响，对东、中、西部的影响均不显著。由于中国经济体制还处于向市场体制转型时期，市场主体和市场机制还不完善，各地区的差异较大，全国和中部地区，国有企业占较大的比例，而国有企业普遍拥有较强的资金实力和基础条件，有利于创新规模的发展，但是其僵化的管理体制却不利于人才创造性的发挥和创新活动的开展，不利于技术创新效率的提高，所以其影响为负。产学研协作水平对不同地区的绿色低碳综合创新效率的影响方向不同，对中、西部有正向影响，而对全国及东部有负向影响，对东、中、西部的影响均不显著。说明中国产学研协作的效果还不好，中介平台建设和管理机制均有待进一步健全。

2. 绿色低碳纯技术创新效率

表8-3为全国及东、中、西部三大地区绿色低碳纯技术创新效率影响因素作用效应的估计结果。从中可以看出，碳排放水平对绿色低碳纯技术创新效率有显著负向影响，与预期方向一致。说明碳排放水平对绿色低碳纯技术创新效率具有明显的抑制作用，降低碳排放水平是提高绿色低碳纯技术创新效率的重要途径。经济发展水平对绿色低碳纯技术创新效率具有显著的正向影响。说明经济的发展为当地的绿色低碳纯技术创新活动提供了强大的支撑，经济发展水平所起的正向作用超过了其对环境的负向作用，对绿色低碳纯技术创新效率的提高起到了积极的促进作用。产业结构对绿色低碳纯技术创新效率有负向影响，与预期方向一致，只是对中、西部地区的影响效果不显著。说明产业结构优化有利于各地区绿色低碳纯技术创新效率的提升。但是，由于发展高新产业、淘汰落后产业都是以技术创新为前提，而中、西部地区一方面技术比较落后，另一方面产业结构倚重，产业结构调整的力度也不大，所以效果不显著。对外开放水平对绿色低碳纯技术创新效率具有正向影响，只是对中、西部地区的作用效果不显著。说明对外开放为中国各地区的绿色低碳纯技术创新活动提供了强大的资金和技术支持，其正向作用超过了其可能对环境产生的负向作用，对区域的绿色低碳纯技术创新活动起到了积极的推动作用。环境规制水平对绿色低碳纯技术创新效率有正向影响，与预期方向一致，但对全国及东、中、西部地区的影响均不显著。说明政府对环境治理越重视，对绿色低碳

纯技术创新效率的促进作用越明显。人力资本水平对绿色低碳纯技术创新效率具有正向影响，与预期方向一致，只是对东、中、西部地区的影响均不显著。说明劳动力受教育程度越高，区域绿色低碳纯技术创新效率越高，但是，由于中国各区域人力资本相对于其需求还处于短缺状态，现有的人力资本尤其是创新型的人力资本还不能满足各地区的发展，所以人力资本对东、中、西部地区绿色低碳纯技术创新效率的影响效果不显著。技术市场水平对不同地区绿色低碳纯技术创新效率的影响方向不同，对全国及西部地区具有正向影响，但不显著，对东部地区有显著的负向影响，对中部地区具有负向影响，但不显著。市场化水平对不同地区的绿色低碳纯技术创新效率的影响方向不同，对东、中、部地区有正向影响，对全国及西部地区有负向影响，对东、中、西部地区的影响均不显著。产学研协作水平对不同地区的绿色低碳纯技术创新效率均有负向影响，对全国及东、西部地区有显著影响，对中部地区影响不显著，与预期方向不一致，说明企业对高校和科研机构的投入越高，绿色低碳纯技术创新效率越低。可能的原因是，产学研协作的成果并没有得到真正的转化，没有实现它的价值，合作效果还不明显。

表8-3 全国及东、中、西部三大地区绿色低碳纯技术创新效率影响因素作用效应的估计结果

自变量	全国	东部	中部	西部
碳排放水平	-0.2585*** (-6.93)	-0.283*** (-4.42)	-0.268*** (-2.47)	-0.257*** (-5.76)
经济发展水平	0.0938*** (5.75)	0.082*** (3.54)	0.271*** (4.07)	0.114*** (3.22)
产业结构	-0.0071*** (-3.31)	-0.016*** (-5.14)	-0.007 (-1.51)	-0.004 (-1.41)
对外开放水平	0.0054*** (2.22)	0.005** (2.02)	0.011 (0.64)	0.027*** (2.75)

续表

自变量	全国	东部	中部	西部
环境规制水平	0.0006 (1.25)	0.000 (0.09)	0.002 (1.13)	0.001 (1.23)
人力资本水平	0.0576*** (2.79)	0.044 (1.02)	0.014 (0.25)	0.034 (1.61)
技术市场水平	0.0078 (1.55)	-0.017*** (-3.27)	-0.065 (-1.30)	0.009 (0.87)
市场化水平	-0.0016* (-1.67)	0.001 (0.51)	0.002 (0.90)	-0.001 (-0.84)
产学研协作水平	-0.0035*** (-3.66)	-0.003* (1.73)	-0.001 (-0.51)	-0.003** (-2.12)
Constant	0.4223*** (2.13)	0.988*** (2.45)	0.535 (1.16)	0.320 (1.47)
log likelihood	123.11	30.26	25.08	95.63
ρ 值	0.6597	0.00	0.17	0.24

注：括号内为 Z 值，***、**、* 分别表示在1%、5%、10%的水平上显著。

3. 绿色低碳规模效率

表8-4为全国及东、中、西部三大地区绿色低碳规模效率影响因素作用效应的估计结果。从中可以看出，碳排放水平对绿色低碳规模效率具有正向影响，与预期不一致。但是对不同地区的显著性不同，对全国及东、中部地区有显著正向影响，对西部地区的影响不显著。说明碳排放水平对绿色低碳规模效率具有明显的促进作用。经济发展水平对不同地区绿色低碳规模效率的影响方向不同，对中、西部地区具有正向影响，但不显著，对全国及东部地区具有显著的负向影响。说明中国的经济发展对中、西部地区的绿色低碳创新规模效率提供了一定的支持，其正向作用超过了其对环境的负向作用，而经济发展水平对全国及东部地区的绿色低碳规模效率的提高起到了明显的抑制作用。产业结构对绿色低碳规模效率有负向影

第八章 区域绿色低碳创新效率的影响因素研究

表8-4 全国及东、中、西部三大地区绿色低碳规模效率影响因素作用效应的估计结果

自变量	全国	东部	中部	西部
碳排放水平	0.2531*** (6.47)	0.299*** (4.04)	0.401*** (4.92)	0.057 (1.51)
经济发展水平	-0.0712*** (-4.90)	-0.053*** (-2.41)	0.056 (0.99)	0.022 (0.69)
产业结构	-0.0060*** (-3.26)	-0.006 (-1.63)	-0.003 (-0.81)	-0.006*** (-2.45)
对外开放水平	0.0064*** (2.42)	0.012*** (3.4)	0.014 (1.02)	0.012 (1.36)
环境规制水平	-0.0005 (-1.17)	-0.002 (-1.09)	-0.003 (-2.54)	-0.000 (-1.05)
人力资本水平	0.0387*** (2.08)	-0.032 (-0.81)	-0.093** (-2.14)	0.054*** (2.80)
技术市场水平	0.0020 (0.42)	0.002 (0.31)	0.054 (1.48)	0.010 (0.93)
市场化水平	0.0009 (0.94)	0.004* (1.67)	0.000 (0.20)	0.003*** (2.67)
产学研协作水平	0.0016* (1.69)	0.001 (0.40)	0.003** (1.98)	0.005*** (4.74)
Constant	0.4983*** (2.73)	1.030*** (2.58)	1.221*** (3.49)	0.288 (1.45)
log likelihood	169.84	58.81	51.57	88.08
ρ 值	0.6194	0.25	0.26	0.65

注：括号内为 Z 值，***、**、* 分别表示在1％、5％、10％的水平上显著。

响，与预期一致，只是对东、中部的影响效果不显著。说明产业结构优化有利于各地区绿色低碳规模效率的提升。对外开放水平对绿色低碳规模效率具有正向影响，只是对中西部地区的作用效果不显著。说明对外开放的正向作用超过了其可能对环境产生的负向作用，对区域的绿色低碳规模效率起到了积极的推动作用。环境规制水平对绿色低碳规模效率有负向影响，且对全国及东、中、西部地区的影响均不显著。可能的原因是政府对环境治理的投入产生了"挤出效应"，对环境治理的投入多了，对科技创新的投入就少了，所以对创新规模的发展产生了负面影响，但是效果不是很明显。人力资本水平对不同地区绿色低碳规模效率的影响方向不同，对全国及西部地区的影响显著为正，对中部地区的影响显著为负，对东部地区的影响为负，但不显著。技术市场水平对绿色低碳规模效率具有正向影响，与预期方向一致，只是影响效果不显著。市场化水平对绿色低碳综合规模效率的影响为正，与预期方向不吻合，说明国有企业的比重越大，越有利于绿色低碳规模效率的提高。产学研协作水平对绿色低碳规模效率的影响为正，与预期方向相同，只是对东部地区的影响效果不显著，说明企业对科研机构和高等学校的投入虽在绿色低碳技术创新效率方面并未产生实质性的影响，但在绿色低碳创新规模方面起了积极作用。

4. 结论

由于中国不同区域科技成果转化能力、区域发展环境和体制机制存在异质性，绿色低碳创新效率的区域差异显著，其影响因素也存在一定差异。综合以上分析可以看出，在九类环境因素中，经济发展水平、对外开放水平和产业结构是三大效率的共同影响因素。其中，经济发展水平和对外开放水平对三大效率均有正向影响，产业结构对三大效率均有负向影响。碳排放水平对区域绿色低碳综合和纯技术创新效率具有负向影响，而对规模效率却有正向影响。环境规制水平对绿色低碳综合创新效率和纯技术创新效率具有正向影响，而对绿色低碳规模效率却有负向影响。人力资本水平、技术市场水平、市场化水平和产学研协作水平对技术创新效率和规模效率的影响存在一定差异，且对不同样本的影响作用的方向也存在差异。

由此可见，提升区域绿色低碳创新效率应重点做好以下三方面工作：一是提高经济发展水平，增强区域经济实力；二是提高对外开放水平，利用一切机会学习和吸收国外先进技术；三是优化产业结构，加快经济发展方式转型。同时也应注意，在制定区域政策时还应根据不同区域的具体情况进行具体分析，不能搞"一刀切"。

（二）工业企业

1. 绿色低碳综合创新效率

表 8-5 为全国及东、中、西部三大地区工业企业绿色低碳综合创新效率影响因素作用效应的估计结果。从中可以看出，碳排放水平对工业企业绿色低碳创新效率有负向影响，与预期方向一致，只是对中部的效果不显著，说明碳排放强度越高，工业企业绿色低碳创新效率越低。经济发展水平对全国及东、中、西部三大地区工业企业绿色低碳创新效率的影响方向不同，对全国及东、西部均有显著正向作用，说明经济发展水平越高，工业企业绿色低碳综合创新效率越高；对中部的影响为负，但不显著，可能的原因是中部地区粗放式的经济发展方式，经济越发展，能源投入与碳排放越多，对环境产生的负面影响超过了其正面影响。产业结构对全国及东、中、西部工业企业绿色低碳综合创新效率均有负向影响，与预期方向一致，只是效果均不显著，说明产业结构优化有利于各地区工业企业绿色低碳创新效率的提升。对外开放水平对全国及东、中、西部三大地区工业企业绿色低碳创新效率的影响方向不同，对全国及西部地区均有正向影响，对东、中部地区的影响为负，但不显著，可见对外开放是一把"双刃剑"，既可以促进工业企业绿色低碳综合创新效率的提升，又可能起到负面影响，对全国和西部地区的正向作用超过了其对环境产生的负向作用，而对东、中部的负向作用超过了其正向作用，可能的原因是东、中部地区在吸引外商投资时过分看重经济利益，对高耗能、高污染企业没有严格限制，产生了较多的非期望产出，降低了区域绿色低碳综合创新效率。环境规制水平对绿色低碳综合创新效率有正向影响，对全国及东、中、西部的

影响均不显著，说明政府对环境治理越重视，对绿色低碳综合创新效率的促进作用越明显，但是，由于政府对环境规制的力度还不大，所以效果不明显。人力资本水平对绿色低碳综合创新效率具有正向影响，与预期方向一致，只是对全国的效果不显著，说明劳动力受教育程度越高，区域工业企业绿色低碳创新效率越高。技术市场水平对不同地区工业企业绿色低碳综合创新效率的影响方向不同，对全国及中部地区具有正向影响，对中部地区的效果不显著，而对东、西部地区则有显著的负向影响。市场化水平对不同地区工业企业的绿色低碳综合创新效率的影响方向不同，对全国和中、西部地区有负向影响，对东部地区有正向影响，对全国和西部地区的影响不显著。产学研协作水平对不同地区工业企业的绿色低碳综合创新效率均有负向影响，但均不显著，与预期方向不一致，说明企业对高校和科研机构的投入对企业的绿色低碳综合创新活动并没有产生积极作用。

表 8–5　全国及东、中、西部三大地区工业企业绿色低碳综合创新效率影响因素作用效应的估计结果

自变量	全国	东部	中部	西部
碳排放水平	-0.184*** (-4.57)	-0.423*** (-3.71)	-0.001 (-0.01)	-0.089*** (-2.94)
经济发展水平	0.085*** (4.94)	0.078** (1.98)	-0.083 (-1.41)	0.052** (2.39)
产业结构	-0.003 (-1.47)	-0.001 (-0.19)	-0.001 (-0.46)	-0.001 (-0.07)
对外开放水平	0.002 (1.56)	-0.001 (-0.06)	-0.021 (-1.47)	0.023*** (3.66)
环境规制水平	0.001 (0.46)	0.002 (0.86)	0.001 (0.69)	0.001 (0.52)
人力资本水平	0.001 (0.12)	0.147** (2.06)	0.102** (2.18)	0.028* (1.96)

续表

自变量	全国	东部	中部	西部
技术市场水平	0.058*** (2.62)	-0.018** (-2.00)	0.052 (1.44)	-0.012* (-1.77)
市场化水平	-0.001 (-0.18)	0.007* (1.80)	-0.005** (-2.05)	-0.001 (-0.91)
产学研协作水平	-0.001 (-1.12)	-0.004 (-1.42)	-0.001 (-0.30)	-0.001 (-0.17)
Constant	-0.027 (-0.12)	-0.627 (-0.93)	-0.312 (-0.83)	-0.043 (-0.25)
log likelihood	99.30	-13.12	57.19	150.31
ρ 值	0.33	0.09	0.55	0.48

注：括号内为Z值，***、**、*分别表示在1%、5%、10%的水平上显著。

2. 绿色低碳纯技术创新效率

表8-6为全国及东、中、西部三大地区工业企业绿色低碳纯技术创新效率影响因素作用效应的估计结果。从中可以看出，碳排放水平对工业企业绿色低碳纯技术创新效率有负向影响，与预期方向一致，只是对中部不显著，说明降低碳排放水平是提高工业企业绿色低碳纯技术创新效率的重要途径。经济发展水平对工业企业绿色低碳纯技术创新效率具有正向影响，说明经济发展水平所起的正向作用超过了其对环境的负向作用，对工业企业绿色低碳纯技术创新效率的提高起到了积极的促进作用。产业结构对工业企业绿色低碳纯技术创新效率有负向影响，与预期方向一致，只是对东、中、部地区的影响效果不显著。对外开放水平对工业企业绿色低碳纯技术创新效率具有正向影响，只是对中部地区的作用效果不显著。环境规制水平对工业企业绿色低碳纯技术创新效率有正向影响，但对全国及

东、中、西部地区的影响均不显著。人力资本水平对工业企业绿色低碳纯技术创新效率具有正向影响,与预期方向一致,只是对中部地区的影响不显著。技术市场水平对不同地区工业企业绿色低碳纯技术创新效率的影响方向不同,对全国及中部地区具有正向影响,对东、西部地区有负向影响,对中部地区的效果不显著。市场化水平对工业企业绿色低碳纯技术创新效率有正向影响,与预期方向不一致,但对全国及中、西部地区的影响效果均不显著。产学研协作水平对工业企业不同地区的绿色低碳纯技术创新效率的影响方向不同,对西部地区有显著正向影响,对全国及东、中部地区有负向影响,但不显著。

表8-6 全国及东、中、西部三大地区工业企业绿色低碳纯技术创新效率影响因素作用效应的估计结果

自变量	全国	东部	中部	西部
碳排放水平	-0.191*** (-4.14)	-0.316** (-2.17)	-0.076 (-0.61)	-0.168*** (-7.33)
经济发展水平	0.060*** (3.04)	0.017 (0.36)	0.035 (0.37)	0.104*** (5.27)
产业结构	-0.005** (-2.10)	-0.005 (-0.67)	-0.001 (-0.19)	-0.007*** (-4.80)
对外开放水平	0.002 (1.37)	0.001 (0.50)	0.021 (1.28)	0.026*** (4.82)
环境规制水平	0.002 (0.21)	0.001 (0.72)	0.001 (0.11)	0.001 (0.99)
人力资本水平	0.013** (2.08)	0.214*** (2.69)	0.07 (1.38)	0.031*** (2.63)
技术市场水平	0.100*** (4.22)	-0.028** (-2.26)	0.011 (0.30)	-0.021*** (-3.22)
市场化水平	0.002 (1.34)	0.008* (1.71)	0.001 (0.19)	0 (0.18)

续表

自变量	全国	东部	中部	西部
产学研协作水平	-0.001 (-0.46)	-0.004 (-0.91)	-0.001 (-0.36)	0.001** (2.23)
Constant	-0.197 (-0.83)	-0.956 (-1.24)	-0.147 (-0.33)	0.299** (2.46)
log likelihood	79.08	-23.54	43.28	141.12
ρ 值	0.52	0.24	0.77	0.00

注：括号内为 Z 值，***、**、* 分别表示在 1%、5%、10% 的水平上显著。

3. 绿色低碳规模效率

表 8-7 为全国及东、中、西部三大地区工业企业绿色低碳规模效率影响因素作用效应的估计结果。从中可以看出，碳排放水平对工业企业绿色低碳规模效率有负向影响，与预期方向一致，对全国及中部地区的影响不显著。经济发展水平对不同地区工业企业绿色低碳规模效率的影响方向不同，对全国及东部地区具有正向影响，对中、西部地区有显著负向影响，说明中、西部地区的经济发展水平对工业企业的负向影响超过了正向影响，而对全国及东部地区工业企业的正向影响超过了负向影响，造成这一结果的原因与各地区的经济发展方式有密切关系。产业结构对全国及东、中、西部地区工业企业绿色低碳规模效率有正向影响，与预期方向不一致，但均不显著。对外开放水平对不同地区工业企业绿色低碳规模效率的影响方向不同，对全国及西部地区有正向影响，对东、中部地区有负向影响，但效果均不显著，这一结果进一步验证了对外开放是一把"双刃剑"的结论。环境规制水平对工业企业绿色低碳规模效率有负向影响，但效果不显著，说明环境规制水平对工业企业的绿色低碳规模的发展产生了"挤出效应"。人力资本水平对工业企业绿色低碳规模效率有正向影响，与预期方向一致，只是对东、西部地区的效果不显著。技术市场水平对工业企业绿色低碳规模效率具有正向影响，与预期方向一致，只是对全国及东

部地区的影响效果不显著。市场化水平对工业企业绿色低碳综合规模效率的影响为负,与预期方向一致,只是对东部地区的效果不显著。产学研协作水平对工业企业绿色低碳规模效率的影响为负,与预期方向不一致,但效果均不显著。

表8-7 全国及东、中、西部三大地区工业企业绿色低碳规模效率影响因素作用效应的估计结果

自变量	全国	东部	中部	西部
碳排放水平	-0.037 (-0.97)	-0.176** (-2.07)	-0.005 (-0.07)	0.109*** (2.90)
经济发展水平	0.040** (2.49)	0.051 (1.50)	-0.193*** (-3.57)	-0.086*** (-3.17)
产业结构	0.003 (1.61)	0.002 (0.56)	0.002 (0.66)	0.004 (1.54)
对外开放水平	0.001 (0.181)	-0.001 (-0.54)	-0.003 (-0.23)	0.008 (1.07)
环境规制水平	0.001 (0.40)	0.001 (0.59)	0.001 (0.14)	0.001 (0.45)
人力资本水平	0.009* (1.86)	0.035 (0.60)	0.179*** (4.44)	0.023 (1.27)
技术市场水平	0.016 (0.78)	0.001 (0.09)	0.067** (2.23)	0.017** (2.02)
市场化水平	-0.003*** (-2.90)	-0.001 (-0.13)	-0.008*** (-3.07)	-0.005*** (-3.38)
产学研协作水平	-0.001 (-1.09)	-0.002 (-0.70)	-0.001 (-0.66)	-0.001 (-0.80)
Constant	0.468** (2.29)	0.501 (0.96)	-0.411 (-1.15)	0.471** (2.26)

续表

自变量	全国	东部	中部	西部
log likelihood	145.75	12.42	69.68	125.59
ρ 值	0.53	0.07	0.80	0.73

注：括号内为 Z 值，***、**、* 分别表示在 1%、5%、10% 的水平上显著。

4. 结论

综合以上的结果可以看出，在九类环境因素中，人力资本水平、环境规制水平、碳排放水平和市场化水平四类因素是工业企业绿色低碳创新中三大效率的共同影响因素，人力资本水平对工业企业绿色低碳创新效率有积极的推动作用，环境规制水平对工业企业绿色低碳创新三大效率有正向作用，但不明显，而碳排放水平和市场化水平对工业企业绿色低碳创新三大效率均有抑制作用。产业结构对工业企业绿色低碳综合创新效率和纯技术创新效率具有负向影响，而对工业企业绿色低碳规模效率却有正向影响。经济发展水平、对外开放水平和技术市场水平对不同地区工业企业绿色低碳创新效率的影响方向存在一定差异。

由此可见，提升区域工业企业绿色低碳创新效率应重点关注以下四方面的工作：一是加强创新型人才培养，提高区域人力资本水平；二是加强环境规制，加大环境治理力度；三是大力发展低碳技术，严格限制高碳产业发展；四是完善市场机制，加快市场化改革进程。

四、本章小结

本章对区域绿色低碳创新效率的影响因素的作用机理进行了分析，并构建区域绿色低碳创新效率的影响因素作用效应模型，运用 Tobit 回归模型分析方法，以全国和东、中、西部为样本，分别对区域整体和工业企业绿色低碳创新效率的影响因素进行了实证研究。研究发现，在九类环境因素中，经济发展水平、对外开放水平和产业结构是区域绿色低碳创新效率中三大效率的共同影响因素。人力资本水平、环境规制水平、碳排放水平和市场化水平是工业企业绿色低碳创新效率中三大效率的共同影响因素。因此，各地区应从提高经济发展水平、加快改革开放步伐、提升人力资本水平、优化区域经济结构，大力发展低碳经济等方面入手提升区域绿色低碳创新效率。

第九章
区域绿色低碳创新效率的提升策略

一、提高区域绿色低碳创新效率的对策建议

通过对区域绿色低碳创新活动的投入产出现状和创新效率的研究发现，区域绿色低碳创新活动中存在效率损失严重、区域发展不平衡、成果转化率太低、环境污染严重、投入产出的改进空间很大、资源配置水平亟待提高等问题。为此，本书从以下六方面提出了相应的对策建议。

（一）加大研发经费投入，加强科技创新平台建设

虽然近年来，各区域的研发经费投入有了较大的提高，但是，与发达国家相比还存在一定差距，而且区域间存在较大的不平衡，尤其是经济欠发达地区，研发经费远远不足，严重阻碍了区域科技创新的发展。各省区市应继续加大政府对研发创新的投入力度，优化科研经费来源与支出结构，转变财政科技创新资金投入方式，同时要构建多元化的经费投入体系，大力引进民间资本投资渠道。此外，还要加强科技创新平台建设，依

托国家、省级重点实验室，大力开展基础性和公益性研发平台建设；在把握技术市场需求的基础上，将基础研究向应用研究延伸，依托企业创新联盟，建立行业公共研发平台和技术服务平台，实现实验设备共享、技术信息、技术咨询、技术培训和技术市场服务等综合服务功能；积极开展信息共享、分析测试、创新孵化、技术转移、产权交易等平台建设，实现虚拟和实体市场互联、互动、互补，探索知识产权资本化交易模式，促进区域研发成果的有效转化。

（二）大力发展低碳经济，加快经济发展方式转变

改革开放以来，中国经济的快速发展一直伴随着高碳排放，即高碳经济，尤其是中、西部地区的资源大省。高碳经济虽然在很长一段时间内推动了中国的经济发展，但是这种发展方式并不利于经济的可持续发展。要摆脱这种粗放式的经济发展方式，必须依靠技术创新，大力发展低碳经济。各省区市应加强对能源和低碳技术的开发和引导，积极寻找新的能源来替代碳能源，积极引进国外先进的能源和低碳技术并加快技术扩散，形成一批具有较高资源利用效率、较低污染排放率的清洁生产企业，实现经济的可持续发展。同时，应积极优化产业结构，制定以绿色低碳发展为导向的发展目标，集中优势资源，致力于新兴产业、新能源、传统产业升级改造等新兴领域的技术研发和推广，加大对污染严重区域和企业的监管和惩处力度，加大对高投入、高能耗、高污染的"三高"产业的淘汰力度，充分利用高新技术和先进适用技术改造提升传统产业，实现传统产业优化升级、产品更新换代，优先发展能耗低的行业，形成产业结构优化升级与经济增长的良性循环，促进经济发展方式转变。

（三）加强创新型人才培养，提高高层次人才比例

创新活动的根本在于人才，创新型人才是科技创新的核心要素，高层次创新型人才是推动区域绿色低碳创新效率的重要驱动力量。各省区市应立足自身创新需求，加快推出一批有利于创新型人才脱颖而出的突破性改

革举措,制定灵活的人才政策,引进和培育一批创新型领军人才与技术人才队伍;加快建立重点产业、行业和领域高层次创新型人才供给和需求信息的发布制度,引导人才合理有序流动;采取产业吸引、项目吸引、核心人才带动等方式,促进创新型人才引进,采取多种形式和手段,吸引转型发展亟需的新兴产业高层次创新型人才;加大对高层次人才的培养力度,提高高层次人才比例,对亟需的高层次人才实行"一事一议"制度,给高层次人才以特殊待遇;鼓励企业以股权、期权、分红等激励方式,调动科技人员创新积极性,设立创新创业专项扶持资金项目,用于各类创新型人才特别是高层次创新型人才的引进、培育和创业资助;鼓励高校、科研院所与企业合作,通过设立各类科技计划项目、国际合作项目的方式,培育一批重点产业和重点领域急需的高层次创新型人才。

(四)加大创新型企业培育力度,引导创新要素向企业聚集

技术创新本质上是一个经济过程,只有以企业为主体,才能坚持市场导向,反映市场需求。企业创新主体地位能否确立在很大程度上决定了创新驱动战略的成败。各省区市应优先支持具有自主知识产权的科技型企业承担国家和省级科技计划项目;积极吸纳企业参与研究制定全国或全省技术创新规划与政策,扩大企业在创新体系中的"话语权";鼓励大型企业通过并购重组、开展委托研发和购买知识产权,增强其整合利用全球创新资源的能力;加大企业研发经费加计扣除等优惠政策的执行力度,运用财政后补助、间接投入等方式,激励和引导企业建立研发准备金制度,引导企业加大技术创新投入;支持大中型企业创建各类企业技术创新中心,促进新技术研究,推动新工艺和新产品开发;大力实施企业技术创新中心培育计划,对新增的企业科技研发中心给予资助,对内涵式发展、重大技术攻关、自主品牌建设等转型升级项目给予扶持,引导各种创新要素向企业聚集,使企业真正成为技术创新活动的主体、研究开发投入的主体、科研组织的主体、创新成果应用转化的主体。

(五)加强产学研协作,促进科技与经济紧密结合

科技成果转化是实现科技与经济紧密结合的关键环节,高校和科研机构有丰富的人才、智力和科技资源,但科研成果常常与社会脱节,成果转化率较低,在一定程度上造成了资源的浪费。企业在产业规模、资金实力与市场运作能力上具有强大的优势,但是却存在科研设施落后和创新型人才缺乏等问题。由于高校和科研机构的研发成果只有通过企业才能转化为现实生产力,所以加强产学研协作,引导各创新主体研发以经济社会发展需求为导向的科研成果,促进科技与经济紧密结合是提升区域创新效率的重要途径。各省区市应积极完善科技成果转化体系,建立健全科技成果登记制度和挂牌交易机制,促进创新成果及时形成知识产权并能在市场上合法自由流转;选择有代表性的重点企业、高校和科研院所进行科技成果转化试点,推进科技成果转化试点项目建设;大力支持企业与高校、科研院所签订战略合作协议,建立联合开发、成果共享、风险共担的产学研用合作机制,强化创新链和产业链的有机衔接,有效实现科技成果的商品化与产业化;培育一批知名的综合性科技服务机构,加快建立集储备、交易、共享、服务、开放于一体的综合性科技服务大市场,形成网上网下互动、技术市场互联、产学研互通的交易格局;通过健全市场机制、推动中小微企业发展、强化基础支撑条件、完善财税优惠政策、深化开放合作交流等,进一步加快发展研究开发、技术转移、检验检测认证、创业孵化、知识产权、科技咨询、科技金融和科学技术普及等专业性综合科技服务。

(六)发挥龙头区域辐射作用,促进区域均衡发展

区域经济发展和技术创新的不平衡是影响区域协调发展的重要因素。实现区域均衡和协调发展,各省区市应大力培育一批经济社会发展水平较高、创新资源相对丰富、具有率先发展和辐射带动条件和优势的龙头创新型区域和城市,布局一批区域和城市率先实现创新驱动发展,形成示范效应。通过加强区域间的交流和协作,带动经济欠发达地区和资源型地区的

发展和转型,通过对创新型区域和城市的培育,促进各类创新资源的统筹集成、优化配置和有效互动,形成特点鲜明、功能完备、高效协作、富有活力的区域创新体系。充分发挥创新型龙头区域和城市的辐射作用,带动其他区域和城市的发展,使创新要素与经济要素、生态要素紧密融合,使经济结构更为合理、发展方式更为科学、综合实力大幅提升,促进区域均衡和协调发展。

二、绿色低碳创新政策的保障措施

(一) 加强组织领导和统筹协调

目前,中国绿色低碳创新活动的制约因素在很大程度上是由体制造成的,政府应发挥主导作用,构建区域绿色低碳创新协调机制,加强组织领导与统筹协调。具体来说,各省区市应强化对绿色低碳创新的领导作用,建立健全区域合作管理体制,强化对区域合作的统筹、协调、督促和落实,拓宽区域合作领域,创新区域合作方式,推动建立有利于促进区域合作的长效机制,在重点领域和关键环节及改革创新方面开展先行先试,发挥龙头城市的辐射和带头作用,协助区域开展各类培训交流活动,提升区域合作能力,促进区域均衡发展。

(二) 打造富有竞争力的创新软环境

创新软环境是一个地区思想解放程度、经济发展速度、行政管理服务水平和社会文明进步程度的综合反映,是区域科技创新核心竞争力的重要指标。各省区市要发动绿色低碳创新驱动的"新引擎",就要打造有竞争力的区域创新软环境。具体来说,一是要大力培育创新创业新文化。培育以创新为荣的价值观、理性的批判精神、开放协作的竞争观、不畏失败的风险意识和允许失败的宽容精神，使其成为区域的价值取向、工作习惯和生活方式。二是要强化政策的集成联动。要围绕科技创新创业的特点，在项目支持、人才使用、经费支持、行政审批等方面深化改革，创新体制机制，使创新创业不仅有文化氛围，更有制度保障。三是要提高区域改革开放水平。支持企业到境外设立、兼并和收购研发机构，探索建设国际联合研究中心、国际技术转移中心，吸引国际知名科研机构来联合组建国际科技中心，加强国际性交流和协作，提高区域改革开放水平。

（三）营造全社会节能减排氛围

碳排放导致的气候变暖问题已成为21世纪全球关注的焦点。中国正处于工业化和城市化的进程中，碳排放空间约束已经成为制约经济发展的主要"瓶颈"。积极应对气候变化和降低碳排放是中国政府"十三五"时期的一项重要工作，是实现资源节约与环境友好型社会的首要任务。节能减排和环境问题是事关全社会的大事，必须广泛动员全体人民群众积极参与。各省区市应把绿色低碳型消费作为一种社会公德，引导、规范和制约社会公众的消费行为，倡导健康文明和适度的消费方式，提倡企、事业单位和个人积极参与并自觉行动；大力开展节能减排知识和措施的普及和宣传，推广节能减排先进经验和先进实用技术，引导居民使用节能减排产品；搭建多种形式的绿色低碳活动平台和载体，宣传节能减排形势，搭建产学研节能减排技术和产品的互动交流平台，使每个公民、每个家庭、每个单位、每个社区都从我做起，节约每一度电、每一滴水、每一张纸、每一粒粮，形成全社会节能减排的良好氛围。

（四）加强政府引导和政策支持

企业是绿色低碳创新活动的主体，政府应积极引导企业树立绿色发展理念，并贯彻于生产经营活动的全过程，同时，加大财政、税收、金融对企业绿色低碳创新的支持力度，提升企业绿色低碳创新动力；制定和完善相关法律法规，引导创新型企业和高新技术企业的健康发展；建立完善的知识产权预警、协调和保护机制，完善知识产权保护制度，加大知识产权运用保护扶持力度，为企业创新研究成果提供法律保护；建立完善创新驱动导向评价机制和考核办法，形成有利于创新驱动、长远发展的科学考核指标体系，激发求真务实、勇于探索、团结协作、无私奉献的创新精神，形成尊重人才、尊重创造、鼓励创新、宽容失败的创新氛围；加大环境规制力度，发挥政府的引导和支持作用，为企业开展绿色低碳创新活动营造良好的发展环境。

三、本章小结

本章在区域绿色低碳创新效率的理论与实证分析基础上，针对中国区域绿色低碳创新活动中的现实问题，分别从加大研发经费投入、大力发展低碳经济、加强创新型人才培养、加大创新型企业培育力度、加强产学研协作、促进区域均衡发展等方面提出了提升中国区域绿色低碳创新效率的对策建议，并分别从加强组织领导和统筹协调、打造富有竞争力的创新软环境、营造全社会节能减排氛围、加强政府引导和政策支持等方面提出了具体的保障措施，为中国区域抓住转型发展机遇、应对绿色低碳转型挑战、实现绿色低碳创新发展提供理论与实践指导。

附 录

附表1 2006～2015年各省区市GDP数据　　　　单位：亿元

年份 地区	2006	2007	2008	2009	2010	2011	2012	2013	2014	2015
北京	4959.53	5678.22	6195.44	6826.89	7532.53	8142.67	8772.25	9447.72	10137.40	10836.88
天津	3763.61	4346.97	5064.22	5899.82	6926.39	8062.31	9174.91	10321.78	11353.95	12409.87
河北	9823.21	11080.58	12199.72	13419.69	15056.89	16758.32	18367.12	19873.22	21164.98	22604.20
山西	3462.39	4012.91	4354.01	4589.13	5227.02	5906.53	6503.09	7081.86	7428.88	7659.17
内蒙古	3675.51	4382.60	5163.67	6036.33	6941.78	7937.59	8850.42	9646.95	10399.42	11200.17
辽宁	9078.45	10440.21	11839.20	13390.14	15291.54	17157.10	18787.03	20421.50	21605.95	22254.13
吉林	3474.30	4033.66	4679.05	5315.40	6048.93	6883.68	7709.72	8349.63	8892.35	9452.57
黑龙江	6033.79	6757.84	7555.27	8416.57	9485.26	10651.94	11717.14	12654.51	13363.16	14124.86
上海	8860.43	10127.48	11109.84	12020.85	13258.99	14346.23	15422.20	16609.71	17772.39	18998.68
江苏	18108.21	20806.34	23448.74	26368.10	29716.85	32976.78	36307.43	39792.94	43254.93	46931.60
浙江	12684.37	14548.97	16018.42	17444.06	19519.90	21276.69	22978.83	24863.09	26752.69	28892.90
安徽	5611.26	6406.37	7218.06	8152.08	9341.47	10603.50	11886.52	13116.78	14323.52	15569.67
福建	7499.42	8639.33	9762.45	10963.23	12487.12	14023.03	15621.66	17340.04	19056.70	20771.80
江西	3902.12	4417.20	5000.27	5655.31	6447.05	7252.94	8050.76	8863.89	9723.68	10608.54
山东	18149.41	20726.63	23213.82	26045.91	29249.56	32437.76	35616.66	39035.86	42431.98	45826.54
河南	10083.38	11555.55	12954.53	14368.99	16165.11	18092.65	19928.33	21721.88	23655.13	25618.51
湖北	7871.98	9021.29	10230.15	11611.22	13329.68	15169.17	16883.29	18588.50	20391.58	22206.44

续表

年份 地区	2006	2007	2008	2009	2010	2011	2012	2013	2014	2015
湖南	6820.54	7843.62	8933.88	10157.82	11640.87	13130.90	14614.69	16090.77	17619.40	19117.05
广东	20716.54	23803.31	26278.85	28827.90	32402.56	35642.81	38565.53	41843.60	45107.40	48715.99
广西	3890.59	4478.07	5051.26	5753.38	6570.37	7378.52	8209.64	9043.82	9812.54	10607.36
海南	949.46	1099.48	1212.73	1354.62	1571.35	1759.92	1920.07	2110.16	2289.52	2468.10
重庆	3023.02	3503.68	4011.71	4609.46	5397.67	6282.89	7137.36	8015.26	8888.92	9866.70
四川	7729.06	8849.78	9823.25	11247.62	12946.01	14887.92	16763.79	18440.17	20007.59	21588.19
贵州	1838.82	2110.97	2349.51	2617.35	2952.37	3395.23	3856.98	4339.11	4807.73	5322.16
云南	3361.59	3738.09	4134.33	4634.58	5204.64	5917.67	6686.97	7496.09	8103.28	8808.26
陕西	3312.03	3835.24	4464.24	5071.28	5811.62	6619.36	7473.26	8295.32	9099.97	9818.86
甘肃	1826.10	2050.71	2258.66	2491.07	2784.27	3132.86	3526.35	3905.79	4253.01	4596.65
青海	526.69	597.64	678.50	747.30	861.86	977.78	1097.56	1216.53	1328.45	1437.39
宁夏	504.71	568.80	640.47	716.69	813.44	911.87	1016.73	1116.37	1205.68	1302.14
新疆	2444.73	2742.98	3044.71	3291.34	3640.22	4077.04	4566.29	5068.58	5575.44	6066.08

注：GDP以2000年不变价格计算。

附表2　2006~2015年各省区市R&D经费投入强度　　单位：%

年份 地区	2006	2007	2008	2009	2010	2011	2012	2013	2014	2015
北京	5.33	5.13	4.95	5.50	5.82	5.76	5.95	5.98	5.95	6.01
天津	2.13	2.18	2.32	2.37	2.49	2.63	2.80	2.96	2.96	3.08
河北	0.67	0.66	0.68	0.78	0.76	0.82	0.92	0.99	1.06	1.18
山西	0.74	0.82	0.86	1.10	0.98	1.01	1.09	1.22	1.19	1.04
内蒙古	0.33	0.38	0.40	0.53	0.55	0.59	0.64	0.69	0.69	0.76
辽宁	1.46	1.48	1.39	1.53	1.56	1.64	1.57	1.64	1.52	1.27
吉林	0.96	0.96	0.82	1.12	0.87	0.84	0.92	0.92	0.95	1.01

续表

年份地区	2006	2007	2008	2009	2010	2011	2012	2013	2014	2015
黑龙江	0.92	0.93	1.04	1.27	1.19	1.02	1.07	1.14	1.07	1.05
上海	2.45	2.46	2.53	2.81	2.81	3.11	3.37	3.56	3.66	3.73
江苏	1.59	1.65	1.88	2.04	2.07	2.17	2.38	2.49	2.54	2.57
浙江	1.43	1.50	1.61	1.73	1.78	1.85	2.08	2.16	2.26	2.36
安徽	0.97	0.98	1.11	1.35	1.32	1.40	1.64	1.83	1.89	1.96
福建	0.89	0.89	0.94	1.11	1.16	1.26	1.38	1.44	1.48	1.51
江西	0.78	0.84	0.91	0.99	0.92	0.83	0.88	0.94	0.97	1.04
山东	1.07	1.21	1.40	1.53	1.72	1.86	2.04	2.13	2.19	2.27
河南	0.65	0.67	0.68	0.90	0.91	0.98	1.05	1.10	1.14	1.18
湖北	1.24	1.19	1.32	1.65	1.65	1.65	1.73	1.80	1.87	1.90
湖南	0.70	0.78	0.98	1.18	1.16	1.19	1.30	1.33	1.36	1.43
广东	1.18	1.27	1.37	1.65	1.76	1.96	2.17	2.31	2.37	2.47
广西	0.38	0.38	0.47	0.61	0.66	0.69	0.75	0.75	0.71	0.63
海南	0.20	0.21	0.22	0.35	0.34	0.41	0.48	0.47	0.48	0.46
重庆	0.94	1.00	1.04	1.22	1.27	1.28	1.40	1.38	1.42	1.57
四川	1.24	1.32	1.27	1.52	1.54	1.40	1.47	1.52	1.57	1.67
贵州	0.62	0.48	0.53	0.68	0.65	0.64	0.61	0.58	0.60	0.59
云南	0.52	0.54	0.54	0.60	0.61	0.63	0.67	0.67	0.67	0.80
陕西	2.14	2.11	1.96	2.32	2.15	1.99	1.99	2.12	2.07	2.18
甘肃	1.05	0.95	1.00	1.10	1.02	0.97	1.07	1.06	1.12	1.22
青海	0.52	0.48	0.38	0.70	0.74	0.75	0.69	0.65	0.62	0.48
宁夏	0.69	0.81	0.63	0.77	0.68	0.73	0.78	0.81	0.87	0.88
新疆	0.28	0.28	0.38	0.51	0.49	0.50	0.53	0.54	0.53	0.56

附表3 2006~2015年各省区市能源强度

单位：吨标准煤/万元

年份 地区	2006	2007	2008	2009	2010	2011	2012	2013	2014	2015
北京	1.19	1.11	1.02	0.96	0.92	0.86	0.82	0.71	0.67	0.63
天津	1.20	1.14	1.06	1.00	0.98	0.94	0.89	0.76	0.72	0.67
河北	2.22	2.13	1.99	1.89	1.83	1.76	1.65	1.49	1.39	1.30
山西	4.07	3.89	3.60	3.39	3.22	3.10	2.97	2.79	2.67	2.53
内蒙古	3.05	2.92	2.73	2.54	2.42	2.36	2.24	1.83	1.76	1.69
辽宁	1.65	1.58	1.50	1.43	1.37	1.32	1.25	1.06	1.01	0.97
吉林	1.70	1.63	1.54	1.45	1.37	1.32	1.22	1.04	0.96	0.86
黑龙江	1.45	1.39	1.32	1.24	1.18	1.14	1.09	0.94	0.89	0.86
上海	1.00	0.95	0.92	0.86	0.84	0.79	0.74	0.68	0.62	0.60
江苏	1.05	1.01	0.95	0.90	0.87	0.84	0.79	0.73	0.69	0.64
浙江	1.04	1.00	0.94	0.89	0.86	0.84	0.79	0.75	0.70	0.68
安徽	1.26	1.21	1.15	1.09	1.04	1.00	0.96	0.89	0.84	0.79
福建	0.91	0.88	0.85	0.81	0.79	0.76	0.72	0.65	0.64	0.59
江西	1.19	1.14	1.08	1.03	0.99	0.96	0.90	0.86	0.83	0.80
山东	1.47	1.41	1.32	1.24	1.19	1.14	1.09	0.91	0.86	0.83
河南	1.61	1.54	1.46	1.37	1.33	1.27	1.19	1.01	0.97	0.90
湖北	1.40	1.35	1.26	1.18	1.14	1.09	1.05	0.84	0.80	0.74
湖南	1.55	1.48	1.38	1.31	1.28	1.23	1.15	0.93	0.87	0.81
广东	0.96	0.93	0.89	0.86	0.83	0.80	0.76	0.68	0.66	0.62
广西	1.39	1.34	1.29	1.23	1.21	1.16	1.12	1.01	0.97	0.92
海南	0.97	0.96	0.94	0.91	0.86	0.91	0.88	0.82	0.79	0.79
重庆	1.78	1.70	1.61	1.53	1.46	1.40	1.30	1.00	0.97	0.91
四川	1.68	1.61	1.54	1.45	1.38	1.32	1.23	1.04	0.99	0.92
贵州	3.36	3.22	3.02	2.89	2.77	2.67	2.56	2.14	2.02	1.87
云南	1.97	1.91	1.82	1.73	1.67	1.61	1.56	1.34	1.29	1.18
陕西	1.85	1.77	1.66	1.59	1.53	1.47	1.42	1.28	1.23	1.19
甘肃	2.60	2.49	2.37	2.20	2.13	2.07	1.99	1.87	1.77	1.64
青海	3.61	3.51	3.36	3.14	2.98	3.26	3.21	3.10	3.00	2.88
宁夏	5.61	5.41	5.04	4.73	4.53	4.73	4.49	4.28	4.10	4.15
新疆	2.47	2.40	2.32	2.29	2.28	2.43	2.59	2.69	2.68	2.58

注：GDP以2000年不变价格计算。

附表4　2006～2015年各省区市碳排放强度　　单位：吨碳/万元

年份 地区	2006	2007	2008	2009	2010	2011	2012	2013	2014	2015
北京	0.391	0.363	0.322	0.302	0.288	0.250	0.239	0.210	0.197	0.184
天津	0.423	0.408	0.369	0.348	0.291	0.265	0.259	0.233	0.214	0.195
河北	0.950	0.872	0.885	0.826	0.778	0.783	0.735	0.700	0.638	0.590
山西	1.416	1.257	1.327	1.293	1.139	1.055	1.027	0.901	0.859	0.810
内蒙古	0.975	0.877	0.883	0.879	0.784	0.884	0.768	0.713	0.643	0.622
辽宁	0.467	0.498	0.456	0.446	0.461	0.450	0.421	0.352	0.344	0.322
吉林	0.842	0.780	0.610	0.571	0.564	0.571	0.504	0.416	0.371	0.329
黑龙江	0.355	0.340	0.273	0.272	0.260	0.284	0.300	0.285	0.281	0.289
上海	0.328	0.309	0.286	0.273	0.264	0.247	0.230	0.217	0.205	0.192
江苏	0.328	0.318	0.299	0.277	0.267	0.271	0.245	0.223	0.210	0.203
浙江	0.311	0.289	0.273	0.252	0.232	0.224	0.210	0.199	0.190	0.182
安徽	0.490	0.468	0.456	0.416	0.424	0.408	0.394	0.366	0.342	0.326
福建	0.355	0.327	0.310	0.311	0.295	0.275	0.256	0.219	0.210	0.184
江西	0.426	0.408	0.391	0.364	0.380	0.384	0.368	0.349	0.338	0.336
山东	0.522	0.501	0.486	0.448	0.419	0.402	0.391	0.306	0.300	0.259
河南	0.671	0.630	0.565	0.537	0.437	0.460	0.398	0.295	0.279	0.266
湖北	0.589	0.573	0.538	0.523	0.518	0.522	0.498	0.340	0.321	0.290
湖南	0.638	0.591	0.498	0.449	0.401	0.378	0.363	0.300	0.286	0.293
广东	0.281	0.266	0.260	0.247	0.219	0.211	0.196	0.171	0.168	0.159
广西	0.562	0.552	0.501	0.492	0.460	0.446	0.432	0.376	0.367	0.332
海南	0.347	0.328	0.362	0.359	0.346	0.402	0.380	0.338	0.304	0.288
重庆	0.602	0.523	0.641	0.611	0.486	0.469	0.428	0.302	0.287	0.269
四川	0.497	0.498	0.547	0.513	0.474	0.429	0.384	0.350	0.308	0.292
贵州	1.683	1.434	1.220	1.177	1.095	1.052	1.051	0.858	0.792	0.773
云南	0.872	0.827	0.804	0.778	0.726	0.673	0.640	0.562	0.527	0.462
陕西	0.722	0.630	0.651	0.656	0.645	0.614	0.567	0.522	0.498	0.465
甘肃	0.875	0.830	0.787	0.712	0.692	0.678	0.677	0.620	0.595	0.543
青海	1.051	0.975	1.057	1.025	0.880	0.893	0.943	0.913	0.881	0.857
宁夏	1.686	1.395	1.566	1.400	1.374	1.491	1.395	1.343	1.345	1.463
新疆	0.831	0.796	0.813	0.835	0.799	0.830	0.867	0.808	0.787	0.714

注：GDP以2000年不变价格计算。

附表5　2006～2015年各省区市环境污染指数

年份 地区	2006	2007	2008	2009	2010	2011	2012	2013	2014	2015
北京	0.004	0.004	0.003	0.003	0.003	0.009	0.009	0.009	0.008	0.008
天津	0.007	0.007	0.007	0.007	0.007	0.006	0.007	0.007	0.007	0.007
河北	0.071	0.072	0.072	0.071	0.080	0.093	0.092	0.089	0.089	0.079
山西	0.048	0.048	0.049	0.044	0.048	0.058	0.059	0.061	0.063	0.063
内蒙古	0.035	0.036	0.035	0.036	0.044	0.049	0.050	0.045	0.050	0.053
辽宁	0.058	0.057	0.055	0.053	0.049	0.061	0.059	0.058	0.064	0.067
吉林	0.017	0.017	0.017	0.017	0.017	0.018	0.016	0.016	0.017	0.018
黑龙江	0.022	0.020	0.020	0.020	0.020	0.023	0.024	0.023	0.023	0.024
上海	0.016	0.015	0.014	0.014	0.012	0.016	0.016	0.016	0.015	0.015
江苏	0.085	0.077	0.076	0.078	0.076	0.059	0.057	0.057	0.057	0.058
浙江	0.054	0.053	0.053	0.056	0.056	0.036	0.035	0.035	0.033	0.034
安徽	0.030	0.031	0.032	0.034	0.033	0.035	0.035	0.035	0.036	0.038
福建	0.038	0.039	0.041	0.044	0.039	0.027	0.027	0.028	0.023	0.023
江西	0.033	0.033	0.033	0.033	0.033	0.031	0.031	0.031	0.030	0.031
山东	0.067	0.068	0.072	0.075	0.078	0.068	0.067	0.067	0.070	0.073
河南	0.057	0.057	0.056	0.060	0.058	0.054	0.055	0.057	0.056	0.056
湖北	0.034	0.032	0.033	0.033	0.034	0.033	0.032	0.033	0.032	0.032
湖南	0.038	0.038	0.035	0.038	0.036	0.033	0.033	0.033	0.032	0.031
广东	0.064	0.065	0.061	0.057	0.054	0.062	0.064	0.065	0.064	0.065
广西	0.044	0.054	0.060	0.053	0.051	0.027	0.028	0.026	0.026	0.024
海南	0.000	0.000	0.000	0.000	0.000	0.001	0.001	0.001	0.001	0.001
重庆	0.027	0.023	0.023	0.023	0.018	0.015	0.015	0.016	0.015	0.014
四川	0.050	0.049	0.046	0.044	0.044	0.040	0.040	0.042	0.043	0.040
贵州	0.023	0.021	0.020	0.023	0.022	0.022	0.023	0.023	0.022	0.020
云南	0.022	0.023	0.024	0.024	0.023	0.037	0.035	0.035	0.032	0.031
陕西	0.025	0.027	0.027	0.025	0.024	0.024	0.024	0.025	0.027	0.028
甘肃	0.011	0.011	0.011	0.011	0.012	0.016	0.016	0.015	0.015	0.015
青海	0.003	0.003	0.004	0.004	0.005	0.017	0.017	0.017	0.018	0.020
宁夏	0.007	0.007	0.007	0.008	0.010	0.009	0.008	0.009	0.009	0.008
新疆	0.011	0.012	0.013	0.015	0.016	0.019	0.024	0.027	0.025	0.023

附表6 2006～2015年各省区市R&D人员全时当量　　单位：人年

年份 地区	2006	2007	2008	2009	2010	2011	2012	2013	2014	2015
北京	168398	187578	189551	191779	193718	217255	235493	242175	245384	245728
天津	37164	44854	48348	52039	58771	74293	89609	100219	113335	124321
河北	43740	45334	46155	56509	62305	73025	78533	89546	100946	106975
山西	38767	36864	43986	47772	46279	47355	47029	49035	48955	42873
内蒙古	14751	15373	18264	21676	24765	27604	31819	37280	36435	38248
辽宁	69048	77157	76673	80925	84654	80977	87180	94885	99586	85366
吉林	28456	32509	31731	39393	45313	44815	49961	48008	49774	49276
黑龙江	45068	48205	50717	54159	61854	66599	65118	62660	62648	56598
上海	80201	90145	95129	132859	134952	148500	153361	165755	168173	171798
江苏	138876	160482	195333	273273	315831	342765	401920	466159	498801	520303
浙江	102761	129393	159589	185069	223484	253687	278110	311042	338398	364710
安徽	29875	36163	49465	59697	64169	81087	103047	119342	129319	133558
福建	40238	47593	59270	63269	76737	96884	114492	122544	135866	126572
江西	25797	27123	28241	33055	34823	37517	38152	43512	43469	46548
山东	96637	116470	160420	164620	190329	228608	254013	279331	286352	297845
河南	59692	64879	71494	92571	101467	118041	128323	152252	161444	158858
湖北	62100	67403	72751	91161	97924	113920	122748	133061	140741	135481
湖南	39752	44942	50253	63843	72637	85783	100032	103414	107432	114869
广东	147233	199464	238684	283650	344692	410805	492327	501718	506862	501696
广西	18940	20141	23243	29856	33987	40135	41268	40664	41208	38269
海南	1209	1262	1726	4210	4893	5397	6787	6962	7514	7713
重庆	26826	31563	34421	35005	37078	40698	46122	52612	58354	61520
四川	68584	78849	86736	85921	83800	82485	98010	109708	119676	116842
贵州	10737	11365	11458	13093	15087	15886	18732	23888	23969	23537
云南	16027	17819	19754	21110	22552	25092	27817	28483	30523	39535
陕西	59458	65072	64752	68040	73218	73450	82428	93494	97138	92618
甘肃	16696	18769	20118	21158	21661	21332	24290	25047	27122	25859
青海	2610	2915	2501	4603	4858	5006	5181	4767	4731	4008
宁夏	4412	5565	5153	6920	6378	7358	8073	8234	9500	9247
新疆	7408	8863	8810	12655	14382	15451	15671	15822	15662	16949

附表7 2006~2015年各省区市R&D经费内部支出　　　　单位：亿元

年份 地区	2006	2007	2008	2009	2010	2011	2012	2013	2014	2015
北京	432.99	505.39	550.35	668.64	821.82	936.64	1063.36	1185.05	1268.80	1384.02
天津	95.24	114.69	155.72	178.47	229.56	297.76	360.49	428.09	464.69	510.18
河北	76.66	90.02	109.11	134.84	155.45	201.34	245.77	281.86	313.09	350.87
山西	36.34	49.25	62.56	80.86	89.88	113.39	132.35	154.98	152.19	132.53
内蒙古	16.49	24.20	33.90	52.07	63.72	85.17	101.45	117.19	122.13	136.06
辽宁	135.79	165.40	190.07	232.37	287.47	363.83	390.87	445.93	435.19	363.40
吉林	40.92	50.87	52.84	81.36	75.80	89.13	109.80	119.69	130.72	141.41
黑龙江	57.03	66.04	86.70	109.17	123.04	128.78	145.96	164.78	161.35	157.67
上海	258.84	307.46	355.39	423.38	481.70	597.71	679.46	776.78	861.95	936.14
江苏	346.07	430.20	580.91	701.95	857.95	1065.51	1287.86	1487.45	1652.82	1801.23
浙江	224.03	281.60	344.57	398.84	494.23	598.08	722.59	817.27	907.85	1011.18
安徽	59.34	71.79	98.32	135.95	163.72	214.64	281.80	352.08	393.61	431.75
福建	67.43	82.17	101.93	135.38	170.90	221.52	270.99	314.06	355.03	392.93
江西	37.76	48.79	63.15	75.89	87.15	96.75	113.66	135.50	153.11	173.18
山东	234.13	312.31	433.72	519.59	672.00	844.37	1020.33	1175.80	1304.07	1427.19
河南	79.84	101.13	122.28	174.76	211.17	264.49	310.78	355.32	400.01	435.04
湖北	94.43	111.32	148.99	213.45	264.12	323.01	384.52	446.20	510.90	561.74
湖南	53.62	73.55	112.70	153.50	186.56	233.22	287.68	327.03	367.93	412.67
广东	313.04	404.29	502.56	652.98	808.75	1045.49	1236.15	1443.45	1605.45	1798.17
广西	18.24	22.00	32.83	47.20	62.87	81.02	97.15	107.68	111.90	105.91
海南	2.10	2.60	3.35	5.78	7.02	10.37	13.72	14.84	16.92	16.97
重庆	36.91	46.99	60.15	79.46	100.27	128.36	159.80	176.49	201.85	247.00
四川	107.84	139.14	160.26	214.46	264.27	294.10	350.86	399.97	449.33	502.88
贵州	14.51	13.74	18.93	26.41	29.97	36.31	41.73	47.18	55.48	62.32
云南	20.92	25.88	30.99	37.23	44.17	56.08	68.75	79.84	85.93	109.36
陕西	101.36	121.71	143.27	189.51	217.50	249.35	287.20	342.75	366.77	393.17
甘肃	23.95	25.72	31.80	37.26	41.94	48.53	60.48	66.92	76.87	82.72
青海	3.34	3.81	3.91	7.59	9.94	12.58	13.12	13.75	14.32	11.58
宁夏	4.97	7.47	7.55	10.44	11.51	15.32	18.23	20.90	23.86	25.48
新疆	8.48	10.02	16.01	21.80	26.65	33.00	39.73	45.46	49.16	52.00

附表8 2006~2015年各省区市国外检索工具收录中国科技论文数

单位：篇

年份 地区	2006	2007	2008	2009	2010	2011	2012	2013	2014	2015
北京	36578	41162	48076	48554	61302	57008	60784	72672	81896	93502
天津	6112	6009	7101	7299	9271	8445	10180	11893	13103	15557
河北	2336	2876	4484	4107	6523	4699	5660	6028	7911	7289
山西	1401	1423	2365	2053	2475	2709	2875	3701	4133	5116
内蒙古	213	313	439	481	732	816	1080	1358	1644	1818
辽宁	8484	10318	11103	11933	15370	13936	14875	17256	18595	20874
吉林	5012	5282	6251	6597	8292	8475	9364	10917	12663	13421
黑龙江	6424	7664	9137	9693	12093	11141	11557	13162	13701	15847
上海	19133	19928	24011	25066	29588	27672	28597	34191	37134	42902
江苏	13162	15659	20252	23051	28730	27946	30599	38340	43846	51602
浙江	10365	11016	12633	13495	16337	16149	17540	20051	22408	24335
安徽	5411	5784	6375	6510	7655	7620	8498	10635	12349	13565
福建	2598	3131	3925	4369	5143	5078	5705	7003	8230	9383
江西	875	1183	1690	2152	3351	2899	3498	3901	5106	5638
山东	6512	8216	10842	10698	14354	13491	14726	17617	18647	22209
河南	1961	2766	4372	4774	7107	6521	7512	8214	9572	11318
湖北	9822	11994	14654	15286	17684	15181	16786	19979	23470	26789
湖南	6231	7427	8983	9787	11620	11699	12679	14922	16027	17925
广东	6966	8363	10044	11312	14779	14331	16057	19338	24313	25847
广西	672	887	1255	1535	1847	2032	2297	2805	3076	3535
海南	75	102	124	183	309	368	473	570	673	886
重庆	2173	2532	3419	4423	6257	6525	7623	8089	9724	11064
四川	6265	7682	9554	10058	12715	12119	13846	16711	19421	21581
贵州	275	397	525	581	799	767	803	1129	1244	1547
云南	971	1101	1438	1849	2621	2425	3064	3946	4538	4564
陕西	8734	10056	12761	13546	17947	17320	18496	21948	24683	28572
甘肃	2501	2871	3658	3793	4277	4537	4646	5697	6582	6938
青海	73	86	110	122	148	128	193	214	250	309
宁夏	57	50	79	81	155	184	227	350	345	454
新疆	257	341	510	586	865	932	1109	1471	1848	2223

附表9　2006~2015年各省区市发明专利授权数　单位：件

地区\年份	2006	2007	2008	2009	2010	2011	2012	2013	2014	2015
北京	3864	4824	6478	9157	11209	15880	20140	20695	23237	35308
天津	967	1164	1610	1889	1930	2528	3326	3141	3279	4624
河北	407	462	549	691	954	1469	1933	2008	2286	3840
山西	314	307	420	603	739	1114	1297	1332	1559	2432
内蒙古	108	120	140	178	262	364	569	549	458	797
辽宁	1063	1220	1516	1993	2357	3164	3973	3830	3975	6569
吉林	449	454	574	719	785	1202	1583	1496	1434	2240
黑龙江	565	668	740	1142	1512	1953	2418	2238	2454	4024
上海	2644	3259	4258	5997	6867	9160	11379	10644	11614	17601
江苏	1631	2220	3508	5322	7210	11043	16242	16790	19671	36015
浙江	1424	2213	3269	4818	6410	9135	11571	11139	13372	23345
安徽	272	317	489	795	1111	2026	3066	4241	5184	11180
福建	310	336	530	824	1224	1945	2977	2941	3426	5730
江西	157	176	218	386	411	679	892	923	1033	1639
山东	1092	1435	1845	2865	4106	5856	7453	8913	10538	16881
河南	450	563	668	1129	1498	2462	3182	3173	3493	5384
湖北	855	886	1152	1478	2025	3160	4050	4052	4855	7766
湖南	581	735	1196	1752	1920	2606	3353	3613	4160	6776
广东	2441	3714	7604	11355	13691	18242	22153	20084	22276	33477
广西	183	188	204	326	426	634	902	1295	1933	4017
海南	39	51	47	84	190	272	396	449	380	417
重庆	246	354	532	834	1143	1865	2426	2360	2321	3964
四川	676	825	1086	1596	2204	3270	4460	4566	5682	9105
贵州	188	233	270	322	441	596	635	776	1047	1501
云南	355	368	383	476	652	1006	1301	1312	1423	2079
陕西	602	755	962	1342	1887	3139	4018	4133	4885	6812
甘肃	145	180	211	227	349	552	704	785	812	1238
青海	30	28	23	35	41	70	101	91	110	207
宁夏	64	32	48	52	61	103	140	184	243	442
新疆	107	90	82	120	189	302	456	540	605	950

附表10 2006~2015年各省区市规上工业企业新产品销售收入

单位：亿元

年份 地区	2006	2007	2008	2009	2010	2011	2012	2013	2014	2015
北京	1214.00	2345.88	2496.71	1982.92	2495.53	3480.33	3317.63	3672.77	4247.00	3564.04
天津	1887.00	2143.01	2589.76	2621.59	3170.50	3831.14	4460.10	5569.69	5665.11	5727.77
河北	613.00	796.65	1020.57	1095.22	1306.22	1899.23	2457.66	2916.03	3334.03	3476.24
山西	404.00	519.91	638.04	608.18	597.09	860.99	928.39	1027.27	924.68	833.34
内蒙古	230.00	252.00	339.90	318.82	526.14	518.89	581.49	628.50	557.32	664.84
辽宁	1210.00	1409.24	1792.14	2372.35	2161.04	2959.96	3193.60	4093.18	4036.96	3337.35
吉林	821.00	862.34	1144.24	2807.06	1654.17	2407.56	2157.80	703.19	1659.99	1822.75
黑龙江	303.00	437.05	430.70	491.14	551.93	558.68	565.51	582.50	527.28	511.05
上海	4137.00	4529.09	4715.35	5078.47	6180.81	7772.20	7399.91	7688.38	8446.96	7470.93
江苏	3270.00	4995.31	6589.35	7293.94	9387.21	14842.11	17845.42	19714.21	23540.93	24463.27
浙江	2947.00	4016.58	4767.36	4526.20	6282.62	10049.39	11283.97	14882.10	16507.86	18839.14
安徽	513.00	688.29	924.09	1268.96	1997.12	3182.61	3731.85	4379.08	5280.88	5882.23
福建	1130.00	1349.57	1570.80	1527.96	1985.34	3113.89	3291.15	3440.10	3511.71	3525.55
江西	387.00	490.84	569.69	471.59	762.04	941.87	1287.13	1682.93	1756.38	2058.60
山东	3074.00	4212.70	5380.02	6837.63	8905.67	11184.41	12913.18	14284.18	14555.82	14698.43
河南	838.00	1112.66	1356.70	1631.30	1828.74	2550.16	2576.20	4791.45	5168.95	5789.42
湖北	542.00	1091.54	1657.31	1650.54	2330.16	3099.42	3698.41	4654.48	5274.59	5676.92
湖南	545.00	802.24	1146.13	1773.15	2350.13	3759.52	4768.98	5724.63	6310.37	7349.80
广东	4217.00	4770.34	7103.48	7854.80	11301.70	14382.27	15402.85	18013.74	20313.32	22642.50
广西	331.00	501.61	561.09	781.87	951.58	1226.09	1236.93	1586.60	1348.42	1633.37
海南	112.00	81.39	60.33	10.19	94.05	135.05	134.47	160.12	148.26	133.09
重庆	744.00	1107.75	1532.55	1688.97	2478.03	3028.03	2429.92	2696.11	3610.78	4535.12
四川	821.00	1101.55	1468.07	1778.52	1435.78	2100.32	2095.98	2475.88	2711.30	2892.48
贵州	171.00	184.88	177.62	177.48	310.65	444.21	383.28	368.32	408.37	394.48
云南	156.00	334.92	285.03	230.75	232.88	380.82	446.82	443.38	518.26	513.20
陕西	323.00	444.13	472.40	628.14	868.28	965.71	871.59	1015.48	1126.76	1040.99
甘肃	165.00	225.90	228.84	226.85	344.24	502.69	595.42	618.53	719.35	574.10
青海	38.00	38.60	48.43	54.14	17.07	8.65	10.38	12.54	8.57	22.82
宁夏	47.00	47.47	69.50	89.90	101.20	138.59	185.63	279.64	191.28	282.69
新疆	44.00	82.73	155.40	94.97	255.98	256.15	276.02	353.33	483.79	494.39

附表11　2006～2015年各省区市工业增加值数据　　　单位：亿元

年份 地区	2006	2007	2008	2009	2010	2011	2012	2013	2014	2015
北京	1440.32	1628.59	1632.22	1776.02	2040.93	2194.00	2347.52	2530.63	2682.47	2709.29
天津	1905.34	2231.15	2648.38	3133.03	3784.71	4515.15	5228.55	5897.80	6487.58	7084.44
河北	4779.88	5506.42	6123.14	6710.96	7616.94	8690.93	9716.46	10629.81	11161.30	11641.24
山西	1680.77	1986.67	2123.75	2108.88	2520.12	2961.14	3310.55	3658.16	3775.20	3707.19
内蒙古	1562.22	2003.74	2475.77	2983.80	3544.76	4156.34	4717.45	5250.52	5744.07	6214.91
辽宁	4328.81	5133.97	6017.02	6883.47	8046.77	9197.46	10089.62	10997.68	11569.56	11534.85
吉林	1403.04	1717.32	2028.15	2366.85	2828.38	3357.28	3830.66	4194.58	4471.42	4686.05
黑龙江	3284.06	3683.67	4133.08	4649.71	5347.78	6059.04	6695.24	7163.91	7393.15	7461.36
上海	4169.54	4678.23	5033.77	5179.75	6086.21	6536.59	6719.61	7142.95	7450.10	7487.30
江苏	9228.79	10769.99	12245.48	13708.84	15532.11	17442.58	19378.71	21374.72	23170.20	25023.80
浙江	6379.23	7425.42	8167.96	8649.87	9748.41	10733.00	11527.24	12530.11	13432.28	14090.46
安徽	2442.24	2969.03	3488.91	4095.28	4990.51	5968.65	6880.66	7794.41	8604.92	9319.13
福建	3249.57	3850.74	4428.35	5004.04	5904.76	6890.86	7841.80	8845.55	9915.86	10609.97
江西	1430.58	1739.57	2090.97	2475.72	2968.36	3481.89	3948.47	4418.36	4899.94	5340.93
山东	9096.31	10530.01	11796.30	13431.55	15145.91	16918.33	18696.46	20691.10	22615.37	24288.91
河南	4913.04	5875.99	6775.98	7558.71	8722.75	9952.65	11097.21	12195.83	13330.05	14356.46
湖北	3891.23	4502.15	5263.02	6089.31	7386.34	8794.91	9973.43	11090.45	12199.50	13236.46
湖南	2635.65	3154.81	3659.58	4336.58	5255.94	6212.52	7051.21	7833.88	8554.55	9179.04
广东	10896.87	12836.52	14415.41	15683.96	18020.88	19967.13	21484.63	23203.40	25059.67	26813.85
广西	1421.45	1735.59	2058.40	2381.57	2867.41	3340.54	3801.62	4235.00	4671.21	5040.24
海南	175.49	227.09	234.35	251.70	295.99	335.66	365.20	388.57	433.64	456.19
重庆	1248.71	1528.42	1832.57	2151.44	2644.12	3231.12	3744.86	4235.44	4756.40	5255.82
四川	3506.75	4260.70	4925.37	5861.19	7203.40	8759.34	10099.51	11210.46	12219.40	13099.20
贵州	644.20	734.38	797.54	878.89	1016.87	1197.88	1384.75	1566.15	1739.99	1910.51
云南	1217.76	1424.78	1615.70	1796.66	2058.97	2421.35	2799.08	3134.97	3360.69	3585.86
陕西	1301.13	1536.66	1824.00	2035.56	2416.21	2829.40	3273.61	3689.36	4087.81	4328.99
甘肃	684.52	797.46	872.83	964.12	1116.36	1298.32	1485.93	1657.85	1801.42	1927.34
青海	211.28	247.84	296.06	326.17	388.99	458.00	521.66	584.00	635.63	682.60
宁夏	221.90	258.96	295.47	334.18	382.30	448.44	508.98	570.06	617.37	663.06
新疆	812.13	926.64	1059.15	1124.82	1276.67	1422.21	1602.83	1798.37	1978.21	2092.95

注：GDP以2000年不变价格计算。

附表 12　2006~2015 年各省区市工业能源强度

单位：吨标准煤/万元

年份 地区	2006	2007	2008	2009	2010	2011	2012	2013	2014	2015
北京	0.792	0.726	0.622	0.561	0.539	0.390	0.366	0.273	0.240	0.223
天津	0.846	0.823	0.734	0.669	0.538	0.482	0.459	0.435	0.396	0.352
河北	2.326	2.141	2.092	1.970	1.813	1.802	1.637	1.505	1.395	1.298
山西	3.407	3.104	3.052	3.068	2.643	2.388	2.297	2.029	1.979	1.928
内蒙古	2.481	2.121	2.010	1.904	1.536	1.620	1.312	1.403	1.250	1.260
辽宁	1.074	1.135	1.001	0.976	1.004	0.978	0.900	0.742	0.715	0.666
吉林	2.104	1.874	1.483	1.355	1.273	1.276	1.133	0.881	0.793	0.641
黑龙江	0.672	0.650	0.530	0.513	0.465	0.436	0.424	0.387	0.394	0.384
上海	0.573	0.521	0.484	0.470	0.440	0.420	0.389	0.374	0.361	0.348
江苏	0.852	0.826	0.762	0.701	0.668	0.671	0.597	0.548	0.515	0.496
浙江	0.790	0.730	0.682	0.643	0.585	0.562	0.521	0.487	0.466	0.452
安徽	1.399	1.246	1.094	0.968	0.924	0.850	0.783	0.680	0.630	0.596
福建	0.916	0.846	0.786	0.775	0.706	0.645	0.590	0.536	0.513	0.447
江西	1.294	1.184	1.095	0.975	0.985	0.965	0.903	0.825	0.793	0.771
山东	1.181	1.126	1.090	0.984	0.897	0.854	0.828	0.716	0.699	0.625
河南	1.664	1.538	1.360	1.289	1.015	1.039	0.869	0.642	0.593	0.549
湖北	1.247	1.185	1.050	0.991	0.947	0.912	0.873	0.561	0.520	0.463
湖南	1.740	1.558	1.304	1.107	0.966	0.851	0.795	0.564	0.529	0.533
广东	0.642	0.589	0.561	0.540	0.453	0.422	0.388	0.331	0.334	0.313
广西	1.727	1.601	1.400	1.355	1.198	1.126	1.058	0.956	0.881	0.780
海南	2.001	1.758	1.890	1.804	1.695	2.372	2.190	2.093	1.837	1.722
重庆	1.535	1.253	1.539	1.451	1.057	0.987	0.805	0.583	0.587	0.537
四川	1.202	1.128	1.189	1.068	0.952	0.823	0.698	0.664	0.558	0.532
贵州	4.582	3.922	3.085	3.050	2.775	2.711	2.631	1.772	1.518	1.504
云南	2.536	2.296	2.205	2.159	1.947	1.780	1.636	1.428	1.363	1.169
陕西	1.686	1.664	1.649	1.600	1.517	1.499	1.361	1.285	1.227	1.180
甘肃	2.564	2.405	2.308	2.062	1.935	1.902	1.901	1.714	1.643	1.480
青海	3.156	2.936	3.139	3.039	2.662	2.726	2.955	2.872	2.798	2.639
宁夏	5.228	4.395	4.656	4.067	4.048	4.443	4.087	3.932	3.903	4.226
新疆	2.702	2.619	2.661	2.788	2.671	2.884	3.119	2.905	3.017	2.742

注：GDP 以 2000 年不变价格计算。

附表13 2006~2015年各省区市工业碳排放强度

单位：吨碳/万元

年份 地区	2006	2007	2008	2009	2010	2011	2012	2013	2014	2015
北京	0.502	0.457	0.372	0.333	0.319	0.210	0.192	0.132	0.111	0.099
天津	0.553	0.539	0.480	0.443	0.335	0.300	0.292	0.278	0.250	0.218
河北	1.707	1.541	1.522	1.425	1.305	1.292	1.177	1.076	0.994	0.925
山西	2.393	2.133	2.117	2.145	1.816	1.615	1.561	1.346	1.317	1.285
内蒙古	1.600	1.317	1.274	1.215	0.941	1.005	0.773	0.850	0.730	0.750
辽宁	0.683	0.742	0.651	0.650	0.681	0.653	0.600	0.493	0.476	0.442
吉林	1.417	1.251	1.017	0.939	0.879	0.888	0.765	0.596	0.535	0.426
黑龙江	0.393	0.375	0.304	0.292	0.264	0.244	0.247	0.225	0.233	0.220
上海	0.344	0.311	0.287	0.280	0.257	0.242	0.222	0.212	0.207	0.195
江苏	0.530	0.509	0.469	0.432	0.406	0.411	0.357	0.321	0.300	0.291
浙江	0.458	0.414	0.386	0.358	0.313	0.296	0.272	0.251	0.239	0.231
安徽	0.957	0.850	0.739	0.646	0.627	0.575	0.527	0.449	0.413	0.392
福建	0.585	0.534	0.494	0.502	0.454	0.405	0.371	0.319	0.301	0.262
江西	0.894	0.816	0.754	0.672	0.670	0.652	0.611	0.550	0.527	0.513
山东	0.778	0.746	0.723	0.650	0.587	0.556	0.542	0.458	0.451	0.379
河南	1.122	1.026	0.892	0.846	0.652	0.672	0.547	0.378	0.356	0.329
湖北	0.850	0.801	0.712	0.677	0.647	0.623	0.599	0.365	0.337	0.299
湖南	1.238	1.099	0.883	0.744	0.644	0.558	0.527	0.364	0.344	0.351
广东	0.359	0.328	0.318	0.300	0.247	0.231	0.210	0.170	0.172	0.161
广西	1.169	1.077	0.934	0.906	0.790	0.740	0.701	0.634	0.580	0.511
海南	0.987	0.868	0.931	0.931	0.845	1.154	1.082	1.011	0.884	0.820
重庆	0.977	0.775	1.004	0.953	0.655	0.613	0.510	0.336	0.343	0.310
四川	0.750	0.704	0.775	0.694	0.598	0.508	0.436	0.407	0.338	0.324
贵州	3.081	2.563	2.004	1.976	1.782	1.747	1.703	1.054	0.900	0.914
云南	1.776	1.590	1.518	1.486	1.317	1.176	1.081	0.951	0.879	0.751
陕西	1.102	1.069	1.048	1.058	0.988	0.959	0.872	0.814	0.777	0.754
甘肃	1.622	1.509	1.432	1.265	1.166	1.140	1.147	1.014	0.981	0.878
青海	1.708	1.568	1.699	1.665	1.304	1.299	1.471	1.426	1.396	1.369
宁夏	3.036	2.380	2.737	2.369	2.308	2.517	2.319	2.252	2.254	2.525
新疆	1.651	1.595	1.642	1.769	1.666	1.793	1.907	1.664	1.636	1.433

注：GDP以2000年不变价格计算。

附表14 2006～2015年各省区市规上工业企业R&D人员全时当量

单位：人年

年份 地区	2006	2007	2008	2009	2010	2011	2012	2013	2014	2015
北京	17803	23798	26892	27168	29225	49829	53510	58036	57761	50773
天津	13005	17850	21799	23162	28164	47828	60681	68175	79014	84291
河北	23955	24636	25365	32847	37814	51498	55979	65049	75142	79452
山西	24744	22306	29905	30805	29998	32476	31542	34024	35775	28927
内蒙古	9198	9546	11290	11236	14363	17645	21509	26990	27068	29190
辽宁	33929	41322	39987	41293	44424	47513	52064	59090	63374	49097
吉林	8372	9133	8273	13181	19411	17884	24365	23709	24395	23202
黑龙江	24058	25714	26642	24899	32467	39661	36256	37296	37509	31762
上海	29931	33738	36692	54160	57346	79147	82355	92136	93868	94981
江苏	81321	102461	119553	163032	201161	287447	342262	393942	422865	441304
浙江	53248	65231	79366	90044	116965	203904	228618	263507	290339	316672
安徽	13887	18893	27693	29852	34167	56275	73356	86000	95287	96791
福建	19924	24384	32199	33849	44062	75503	90280	100200	110892	99180
江西	13556	15749	14420	17107	18561	23969	23877	29519	28803	31321
山东	57801	69715	107535	111340	119921	180832	204398	227403	230800	241395
河南	36138	40162	46407	59990	67982	93833	102846	125091	134256	131051
湖北	27693	30588	35625	41695	47806	71281	77087	85826	91456	86813
湖南	18325	22351	25542	28096	35206	57478	69784	73558	77428	83821
广东	98996	148938	177500	201311	258943	346260	424563	426330	424872	411059
广西	5508	6605	7083	9658	11895	20155	20845	20700	22793	19000
海南	85	87	417	529	862	1587	2767	2882	3484	3325
重庆	14333	18659	20872	20692	21662	27652	31577	36605	43797	45129
四川	25972	33527	38298	37507	34600	36839	50533	58148	62145	56841
贵州	5491	5901	5659	6651	8633	9564	12135	16049	15659	14916
云南	4455	4790	6921	6029	7589	10335	12321	11811	12980	16381
陕西	21610	24806	24859	23685	27812	30829	36728	45809	50753	45052
甘肃	5883	8386	9466	9799	8673	9307	11445	12472	14380	12578
青海	941	1150	784	1402	1842	1833	2020	2039	2068	1285
宁夏	1970	2934	2831	2960	2363	3967	4196	4817	5799	5470
新疆	3536	4293	4346	4527	5970	6723	6202	6668	6688	7188

附表15 2006~2015年各省区市规上工业企业R&D经费内部支出

单位：亿元

年份 地区	2006	2007	2008	2009	2010	2011	2012	2013	2014	2015
北京	58.85	61.22	70.97	85.75	106.14	164.85	197.34	213.06	233.50	244.09
天津	49.11	62.10	89.79	107.73	139.22	210.78	255.87	300.04	322.81	352.67
河北	45.77	54.91	72.87	87.68	107.89	158.62	198.09	232.74	260.67	285.81
山西	25.02	36.39	46.97	57.30	67.57	89.59	106.96	123.77	124.70	100.89
内蒙古	12.05	19.31	26.84	35.74	47.43	70.16	85.85	100.44	108.03	118.63
辽宁	85.92	109.28	128.98	152.50	191.34	274.71	289.46	333.13	324.23	241.88
吉林	16.30	18.81	25.31	30.62	35.54	48.87	60.43	69.81	78.94	86.15
黑龙江	31.70	37.89	48.08	58.64	72.85	83.80	90.62	95.03	95.58	88.04
上海	133.80	162.73	181.11	207.05	237.75	343.76	371.51	404.78	449.22	474.24
江苏	238.77	321.85	409.02	451.51	551.35	899.89	1080.31	1239.57	1376.54	1506.51
浙江	126.58	162.46	193.51	215.85	272.34	479.91	588.61	684.36	768.15	853.57
安徽	32.95	42.67	61.23	78.19	104.02	162.83	208.98	247.72	284.73	322.14
福建	43.36	51.65	64.72	86.12	116.12	194.40	238.17	279.20	315.38	346.98
江西	27.48	36.37	44.86	51.61	58.94	76.98	92.60	110.64	128.46	147.50
山东	185.60	245.14	345.40	411.17	526.92	743.13	905.60	1052.81	1175.55	1291.77
河南	53.41	72.07	90.18	122.18	148.59	213.72	248.97	295.34	337.23	368.83
湖北	40.29	51.35	77.23	105.77	142.90	210.76	263.31	311.80	362.95	407.27
湖南	25.12	42.55	63.33	82.51	113.77	181.78	229.09	270.40	310.04	352.55
广东	247.08	336.37	410.96	499.68	626.88	899.44	1077.86	1237.48	1375.29	1520.55
广西	11.03	13.23	19.61	26.51	35.89	58.68	70.22	81.71	84.88	76.92
海南	0.40	0.40	0.63	1.44	1.83	5.78	7.81	9.36	11.10	11.18
重庆	26.51	35.08	43.95	52.19	67.24	94.40	117.10	138.82	166.47	199.66
四川	43.21	56.71	61.31	73.30	80.98	104.47	142.23	168.89	196.01	223.81
贵州	11.43	10.13	14.10	17.77	21.78	27.52	31.51	34.25	41.01	45.73
云南	6.26	8.20	11.18	13.12	18.07	29.93	38.44	45.43	51.66	61.96
陕西	28.90	35.03	42.01	55.66	71.02	96.68	119.28	140.15	160.69	172.58
甘肃	11.41	13.51	16.86	18.48	20.87	25.79	33.78	40.07	46.44	48.61
青海	2.11	2.36	2.51	3.98	6.02	8.20	8.42	8.95	9.25	6.50
宁夏	3.90	5.70	6.00	6.99	7.30	11.89	14.37	16.75	18.65	20.05
新疆	5.86	7.01	11.82	12.98	16.73	22.34	27.34	31.43	35.78	36.62

附表16 2006~2015年各省区市规上工业企业有效发明专利数

单位：件

年份 地区	2006	2007	2008	2009	2010	2011	2012	2013	2014	2015
北京	1344	5880	3848	2742	3919	7342	14051	16402	18721	23749
天津	611	979	2439	2541	3053	5193	7341	10191	12263	17422
河北	731	766	823	1153	1218	2601	3358	4049	4999	7740
山西	264	281	443	681	1126	1659	2345	3008	3505	4468
内蒙古	143	169	251	347	405	467	922	1444	1660	2175
辽宁	777	995	900	1634	2111	4207	5054	6923	9055	10372
吉林	239	268	283	630	519	1006	2779	2985	1884	2649
黑龙江	657	651	772	1246	1387	1532	2055	2342	3052	3351
上海	1477	1580	2127	7166	7080	12530	16805	20140	27540	30815
江苏	4213	6101	6471	8369	11271	26720	45120	52718	73252	85485
浙江	3032	3661	4756	5189	6924	18091	20553	22578	28235	31642
安徽	341	434	2453	1486	2536	5092	9215	13582	21667	28568
福建	833	986	779	1416	1850	3847	5400	7119	9176	12424
江西	151	184	300	304	462	975	1398	2333	3383	4765
山东	3260	4425	4209	4791	6297	11207	15104	18340	26122	33785
河南	695	831	1523	2512	2186	4049	5133	6470	8497	11305
湖北	971	934	1190	2483	2864	5379	7025	8745	12444	16965
湖南	870	1261	1489	7067	7739	7432	8436	10512	14415	19087
广东	5795	9776	15958	23231	41392	66453	83280	97052	126936	177047
广西	110	233	332	503	684	932	1499	1889	2670	3731
海南	0	7	8	16	203	379	388	683	1217	1378
重庆	499	608	774	1206	1858	2532	3714	4792	6272	6328
四川	1029	1066	1272	1747	2236	5618	6591	9043	15893	17601
贵州	253	300	583	629	757	990	1370	1985	3146	4096
云南	238	314	416	530	719	1208	1644	2280	2865	4605
陕西	271	378	578	1096	1386	2464	4752	5449	6675	7506
甘肃	153	295	255	254	348	493	855	1028	1265	1884
青海	67	84	262	126	58	87	170	205	246	271
宁夏	54	66	87	146	150	221	300	387	675	908
新疆	98	139	142	342	336	325	468	695	1111	1553

参考文献

[1] Acs Z J, Anselin L, Varga. Patents and innovation counts as measures of regional production of new know knowledge [J]. Research Policy, 2002, 31 (7).

[2] Aigner D J, Lovell C A K, Schmidt P. Formulation and estimation of stochastic frontier production function models [J]. Journal of Econometrics, 1977, 6 (1).

[3] Akihiro Hashimoto and Schoko Haneda. Measuring the change in R&D efficiency of the Japanese pharmaceutical industry [J]. Research Policy, 2008, 37 (10).

[4] Amore M D, Bennedsen M. Corporate governance and green innovation [J]. Journal of Environmental Economics and Management, 2016 (75).

[5] Anderson D. Energy efficiency and the economists: The case for a policy base on economicprinciples [J]. Annual Review of Energy and the Environment, 1995, 20 (1).

[6] Arbolino R, De Simone L, Carlucci F, et al. Towards a sustainable industrial ecology: Implementation of a novel approach in the performance evaluation of Italian Regions [J]. Journal of Cleaner Production, 2018, 178 (3).

[7] Asheim B, Isaksen A. Regional innovation systems: The integration of local "sticky" and global "ubiquitous" knowledge [J]. Journal of Technology Transfer, 2002, 27 (1).

［8］Autio E. Evolution of RTD in regulation system of innovation［J］. European Planning Study, 1998, 6 (2).

［9］Banker, Charnes A, Cooper W W. Some model for estimating technical and scale inefficiencies in data envelopment analysis［J］. Management Science, 1984, 30 (9).

［10］Battese G E, Corra G S. Estimation of a productionfrontier model with application to the Pastoral Zone of eastern Australia［J］. Australian Journal of Agricultural Economics, 1977, 21 (3).

［11］Bemauer E, Kammerer S. Explaining green innovation［R］. Working Paper, Center for Comparative and International Studies, 2006.

［12］Bi K X, Huang P, Wang X X. Innovation performance and influencing factors of low-carbon technological innovation under the global value chain: A case of Chinese manufacturing industry［J］. Technological Forecasting & Social Change, 2016 (111).

［13］Blattel-Mink B. Innovation towards sustainable economy—The integration of economy and ecology in companies［J］. Sustainable Development, 1998, 6 (2).

［14］Cai W G, Zhou X L. On the Drivers of eco-innovation: Empirical evidence from China［J］. Journal of Cleaner Production, 2014, 79 (5).

［15］Chang C H. The influence of corporate environmental ethics on competitive advantage: The mediation role of green innovation［J］. Journal of Business Ethics, 2011 (3).

［16］Charnes A, Cooper W W, Rodes E. Measuring the efficiency ofdecision making units［J］. European Journal of Operational Research, 1978, 6 (2).

［17］Charnes A, Cooper W W, Li S L. Using DEA to evaluate relative efficiency in the economic performance of Chinese cities［J］. Social Economic Planning Sciences, 1989, 23 (6).

［18］Chen Y S, Lai S B, Wen C T. The influence of green innovation performance on corporate advantage in Taiwan [J]. Journal of Business Ethics, 2006, 67 (4).

[19] Chen Y S, Chang K C. The Nonlinear effect of green innovation on the corporate competitive advantage [J]. Quality & Quantity, 2013 (1).

[20] Cooper W W, Seiford L M, Tone K. Data envelopment analysis [M]. Boston: Kluwer Academic Publishers, Second Edition, 2007.

[21] Cooke P. Regional innovation systems: Competitive regulation in the new Europe [J]. Geo-forum, 1992, 23 (3).

[22] Cooke P, Braczyk H J, Heidenreich M (eds.). Regional innovation systems: The role of governrance in the globalized world [M]. London: UCL Press, 1996.

[23] Cooke P, uranga M G, Etxebarria G. Regional innovation system Institutional and organizationaldimension [J]. Research Policy, 1997 (26).

[24] Dangelico R M, Pujari D. Mainstreaming green product innovation: Why and how companies integrate environmental sustainability [J]. Journal of Business Ethics, 2010, 95 (3).

[25] Debrea G. The coefficient of resource utilization [J]. Econometrica, 1951, 19 (3).

[26] Driessen R, Hillerbrand B. Adoption and diffusion of green innovations [M] //Nelissen W, Bartels G. Marketing for sustainability: Towards transaction policy making. Amsterdam: Los Press, 2002.

[27] Enos J L. Inventionand Innovation in the petroleum refining industry [M] //National Bureau Committee for Economic Research and the Committee on Economic Growth of the Social Science Research Council. The rate and direction of inventive activity: Economic and social factors. A Conference of the Universities. Princeton: Princeton University Press, 1962.

[28] Farrell M J. The measurement of productive efficiency [J]. Journal of the Royal Statistical Society, 1957, 120 (3).

[29] Feng C, Zhang H, Huang J B. The approach to realizing the potential of emissions reduction in China: An implication from data envelopment analysis [J]. Renewable and sustainable energy reviews, 2017 (71).

[30] Freeman C. Technological infrastructure and international competitiveness [M]. Paris: Organization for Economic Cooperation and Development, 1982.

[31] Fussier C, James P. Driving eco – innovation: A breakthrough discipline for innovation and sustainability [J]. Pitman Pub., 1996.

[32] Gilli M, MancinelliS, Massanti. Innovation complementarity and environmental productivity effects: Reality or delusion? Evidence from the EU [J]. Ecological Economics, 2014, 103 (3).

[33] Govindan K, Kaliyan M, Kannan D. Barriers analysis for green supply chain management implementation in indian industries using analytic hierarchy process [J]. International Journal of Production Economics, 2014, 147 (4).

[34] Horbach J, Rammer C, Rammer C. Determinants of eco – innovations by type of Environmental Impact: The role of regulatory push/pull, technology push and market pull [J]. Ecological Economics, 2012, 78 (32).

[35] James M, Utterback. Mastering the dynamic if innovation [M]. Boston, Massachusetts: Harvard Business School Press, 1994.

[36] Koopmans T C. An Analysis of production as an efficient combination of activities [M] // Koopmanx T C. Activity Analysis of Production and Allocation, Cowles Commission for Research in Economics, Monograph No. 13 New York: Wiley, 1951.

[37] Li W, Li G M, Zhang R X, et al. Carbon reduction potential of resource – dependent regions based on simulated annealing programming algorithm [J]. Sustainability, 2017 (9).

[38] Malmquist S. Index numbers and indifference surfaces [J]. Trabajos de Estatistica, 1953 (4).

[39] Meeusen W, Broeck J V. Efficiency estimation from Cobb – Douglas

production function with composed error [J]. International Economic Review, 1977, 18 (2).

[40] Nanath K, Pillai R R. The influence of green is practice on competitive advantage: Mediation role of green innovation performance [J]. Information Systems Management, 2017 (1).

[41] Nasierowski W, Arcelus F J. On the efficiency of national innovation systems [J]. Socio-Economic Planning Sciences, 2003, 37 (3).

[42] OECD. Technology and the economy: The key relationships [M]. Paris: OECD, 1992.

[43] Poter M E, Van Der Linde C. Toward a new conception of the environment competitiveness relationship [J]. The Journal of Economic Perspectives, 1995, 9 (4).

[44] Rogers E M. Diffusion of innovations/5th ed [M]. Free Press, 2003.

[45] Rui B, Swann P. Do firms in clusters innovate more? [J]. Research Policy, 1998, 27 (5).

[46] Schiederig Tietze F, Herstatt C. Green innovation in technology and innovation management: An exploration literature review [J]. R&D Management, 2012, 42 (2).

[47] Schultz T. W. Capital formation by education [J]. Journal of Political Economy, 1960, 68 (6).

[48] Schumpeter J A, Opie R. The theory of economic development: An inquiry into profits, capital, credit, interest, and business cycle [M]. Harvard University Press, Cambridge, MA, 1934.

[49] Schumpeter J A. The creative response in economic history [J]. The Journal of Economic History, 1947, 7 (2).

[50] Schumpeter J A. Capitalism, socialism, and democracy [M]. London: Allen & Unwin, 1976.

[51] Shephard R W. Cost and production functions [M]. Princeton:

Princeton University Press, 1953.

[52] Shi Q, Lai X D. Identifying the underpin of green and low carbon technology innovation research: A literature review from 1994 to 2010 [J]. Technological Forecasting and Social Change, 2013, 80 (5).

[53] Simar L, Wilson P W. Statistical inference in nonparametric frontier models: The state of the art [J]. Journal of Productivity Analysis, 2000, 13 (1).

[54] Solow R M. Technical change and the aggregate production function [J]. The Review of Economics and Statistics, 1957, 30 (3).

[55] Song M L, Song Y Q, An Q X. Review of environmental efficiency and its influencing factors in China: 1998 - 2009 [J]. Renewable and Sustainable Energy Reviews, 2013 (20).

[56] Thomas V, Wang Y, FAN X. Measuring education Inequality: Gini coefficients of education for 140 countries, 1960 - 2000 [J]. Journal of Education Planning and Administration, 2003, 17 (1).

[57] Tobin J. Estimation of relationships for limited dependent variables [J]. Econometrica, 1958, 26 (1).

[58] Tone K. A slacks - based measure of efficiency in data envelopment analysis [J]. European Journal of Operational Research, 2001, 130 (3).

[59] Tone K. Dealing with undesirable outputs in DEA: A slacks - based measure (SBM) Approach [R]. GRIPS Research Report Serials, 2003.

[60] Triguero A, Moreno - Mondejar L, Davia M A. Drivers of different types of eco - innovation in european SMES [J]. Ecological Economics, 2013, 92 (8).

[61] Utterback J W., Abernathy W J. A Dynamic model of product and process innovation [J]. Omega, 1975, 3 (6).

[62] Wang E C. R&D efficiency and economic performance: A Cross - country analysis using the stochastic frontier approach [J]. Journal of Policy

Modeling, 2003, 29 (2).

[63] Wang W X, Yu B, Yan X, et al. Estimation of innovation's green performance: A range – adjusted measure approach to assess the unified efficiency of China's manufacturing industry [J]. Journal of Cleaner Production, 2017 (149).

[64] Wu J, Lv L, Sun J S, et al. A comprehensive analysis of China's regional energy saving and emission reduction efficiency: from production and treatment perspectives [J]. Energy Policy, 2015 (84).

[65] Zhao L L, Zha Y, Liang N N. Data envelopment analysis for unified efficiency evaluation: An assessment of regional industries in China [J]. Journal of Cleaner Production, 2016 (113).

[66] 白俊红, 江可申, 李婧. 中国区域创新效率的收敛性分析 [J]. 财贸经济, 2008 (9).

[67] 白俊红. 中国区域创新效率的测度与实证研究 [M]. 南京：南京师范大学出版社, 2016.

[68] 北京大学中国可持续发展研究中心编. 可持续发展之路 [M]. 北京：北京大学出版社, 1995.

[69] 曹翠珍, 赵国浩. 资源型企业绿色创新、绿色动态能力与竞争优势的实证检验 [J]. 统计与决策, 2017 (6).

[70] 曹洪军, 陈泽文. 内外环境对企业绿色创新战略的驱动效应——高管环保意识的调节作用 [J]. 南开管理评论, 2017, 20 (6).

[71] 曹贤忠, 曾刚, 邹琳. 长三角城市群 R&D 资源投入产出效率分析及空间分异 [J]. 经济地理, 2015, 35 (1).

[72] 曹霞, 于娟. 绿色低碳视角下中国区域创新效率研究 [J]. 中国人口·资源与环境, 2015, 25 (5).

[73] 陈国生, 杨凤鸣, 陈晓亮等. 基于 Bootstrap – DEA 方法的中国科技资源配置效率空间差异研究 [J]. 经济地理, 2014, 34 (11).

[74] 陈华斌, 王效俐. 绿色创新及其激励机制 [J]. 上海管理科

学，1998（6）．

［75］池仁勇，唐根年．基于投入与绩效评价的区域技术创新效率研究［J］．科研管理，2004（7）．

［76］池仁勇，虞晓芬，李正卫．我国东西部地区技术创新效率差异及其原因分析［J］．中国软科学，2004（8）．

［77］储成兵．教育人力资本、健康人力资本与区域经济增长收敛的实证研究［J］．广西经济管理干部学院学报，2014，26（1）．

［78］戴鸿轶，柳卸林．对环境创新研究的一些评论［J］．科学学研究，2009，27（11）．

［79］杜静，陆小成．新型工业化中产业集群绿色创新的对策选择——以武汉城市圈产业发展为例［J］．科技进步与对策，2010，27（11）．

［80］樊华．中国省际科技创新效率演化及影响因素研究［J］．中国科技论坛，2010（12）．

［81］樊华，周德群．中国省域科技创新效率演化及其影响因素研究［J］．科研管理，2012（1）．

［82］方超，罗英姿．教育人力资本及其溢出效应对中国经济增长的溢出效应［J］．教育与经济，2016（4）．

［83］范斐，杜德斌，李恒等．中国地级以上城市科技资源配置效率的时空格局［J］．地理学报，2013，68（10）．

［84］范斐，肖泽磊，杨刚强等．基于阻碍度模型的区域创新驱动阻力类型分析［J］．中国科技论坛，2017（4）．

［85］冯志军．中国工业企业绿色创新效率研究［J］．中国科技论坛，2013（2）．

［86］傅家骥．技术创新学［M］．北京：清华大学出版社，1998．

［87］葛霆，周华东．国际创新理论的七大进展［J］．中国科学院院刊，2007（6）．

［88］龚荒，聂锐．区域创新体系的构建原则、组织结构与推进措施

[J]．软科学，2002，16（6）．

[89] 顾新．区域创新系统的失灵与完善措施［J］．四川大学学报（社会科学版），2001（1）．

[90] 顾新．区域创新系统论［D］．成都：四川大学，2002．

[91] 顾新．区域创新系统的运行［J］．中国软科学，2001（11）：104-107．

[92] 龚新蜀，李梦洁，张洪振．OFDI是否提升了中国的工业绿色创新效率——基于集聚经济效应的实证研究［J］．国际贸易问题，2017（11）．

[93] 韩晶．中国区域绿色创新效率研究［J］．财经问题研究，2012，348（11）．

[94] 黄贤凤，武博，王建华．中国八大经济区工业企业技术创新效率及其影响因素研究［J］．中国科技论坛，2013（8）．

[95] 黄晓杏．绿色创新的机理研究［D］．南昌：南昌大学，2016．

[96] 胡聃．实现可持续性——生态发展模式探讨［J］．自然资源学报，1996，11（2）．

[97] 胡志坚，苏靖．区域创新系统理论的提出与发展［J］．中国科技论坛，1999（6）：20-23．

[98] 焦俊，李垣．基于联盟的企业绿色战略导向与绿色创新［J］．研究与发展管理，2011（1）．

[99] 金万富，汤晓华，陈春桥．中国东部沿海地方碳排放强度对产业结构水平响应度省级差异［J］．云南地理环境研究，2011，23（3）．

[100] 贾帅帅，王孟欣．基于三阶段DEA的工业企业科技创新效率研究［J］．科技管理研究，2017（16）．

[101] 克里斯·弗里曼．工业创新经济学［M］．华宏勋等译．北京：北京大学出版社，2004．

[102] 雷家骕，驰晓江．中国技术创新学术研究18年评述［J］．中国青年科技，2007（11）．

［103］雷善玉，王焕冉，张淑慧．环保企业绿色技术创新的动力机制——基于扎根理论的探索研究［J］．管理案例研究与评论，2014，7（4）．

［104］梁鹏，梁文群，李玮．中国区域绿色低碳创新效率的提升路径研究［J］．中国商论，2018（1）．

［105］梁文群，牛冲槐，杨春艳．基于异质性随机前沿模型的人力资本创新效应研究［J］．科技进步与对策，2016，33（15）．

［106］李婧，白俊红，谭清美．考虑空间效应的区域创新效率测评［J］．研究与发展管理，2011，23（1）．

［107］李海萍，向刚，高忠仕，付强．中国制造业绿色创新的环境效益向企业经济效益转换的制度条件初探［J］．科研管理，2005（2）．

［108］李慧，唐晓莹．利益相关者导向与企业绩效关系分析：绿色创新的中介效应［J］．科技进步与对策，2017，34（9）．

［109］李龙熙．对可持续发展理论的诠释与解析［J］．行政与法，2005（1）．

［110］李荣杰．资源环境约束下人力资本驱动经济低碳转型研究［D］．青岛：中国海洋大学，2015．

［111］李文超，田立新，贺丹．生态创新促进经济可持续发展的路径研究［J］．科学管理研究，2013（2）．

［112］李向东，李南，季庆庆．中国高技术产业创新效率区域差异变动趋势［J］．南京理工大学学报，2014，38（4）．

［113］李旭．绿色创新相关研究的梳理与展望［J］．研究与发展管理，2015，27（2）．

［114］李雪艳，赵吟佳，钱雪亚．人力资本异质性、结构与经济增长［J］．商业经济与管理，2012，247（5）．

［115］刘汉初，樊杰，周侃．中国科技创新发展格局与类型划分——基于投入规模和创新效率的分析［J］．地理研究，2018，37（5）．

［116］刘和东．中国区域研发效率及其影响因素研究——基于随机前

沿函数的实证分析［J］．科学学研究，2011，29（4）．

［117］刘明广．区域创新系统绿色创新效率的空间分布及收敛性研究［J］．工业技术经济，2017（4）．

［118］刘锐．环境规制对我国工业企业创新绩效的影响［J］．生态经济，2017（6）．

［119］刘曙光，张涵．人力资本与欧盟区域创新活动研究——基于探索性空间数据分析和地理加权回归模型［J］．科技管理研究，2017（19）．

［120］刘顺忠，官建成．区域创新系统创新绩效的评价［J］．中国管理科学，2002（2）．

［121］刘薇．国内外绿色创新与发展研究动态综述［J］．中国环境管理干部学院学报，2012，22（5）．

［122］刘伟．高新技术产业技术创新效率研究［M］．北京：科学出版社，2014.

［123］柳卸林．区域创新体系成立的条件和建设的关键因素［J］．中国科技论坛，2003（1）．

［124］陆小成．区域低碳创新系统综合评价实证研究——以中部六省为例［J］．科学学与科学技术管理，2011，32（7）．

［125］罗艳，陈平．环境规制对中国工业绿色创新效率改善的门槛效应研究［J］．东北大学学报（社会科学版），2018，20（2）．

［126］马媛，侯贵生，尹华．企业绿色创新驱动因素研究——基于资源型企业的实证［J］．科学学与科学技术管理，2016，37（4）．

［127］马占杰．基于"绿色创新"视角的企业竞争优势探析［J］．现代管理科学，2013（1）．

［128］苗敬毅，闫绪娴．中国省域全要素生产率测度中的门限效应研究［J］．山西财经大学学报，2014，36（10）．

［129］倪超．真命题还是伪命题？人力资本利于中国未来经济增长［J］．经济经纬，2017，34（6）．

[130] 牛文元. 中国可持续发展的理论与实践 [J]. 中国科学院院刊, 2012, 27 (3).

[131] 牛彤, 彭树远, 牛冲槐等. 基于SBM-DEA四阶段方法的山西省工业企业绿色创新效率研究 [J]. 科技管理研究, 2015, 35 (10).

[132] 潘楚林, 田虹. 经济新常态下绿色智力资本怎样成为企业的竞争优势 [J]. 上海财经大学学报, 2016 (2).

[133] 彭文斌, 程芳芳, 路江林. 环境规制对省域绿色创新效率的门槛效应研究 [J]. 南方经济, 2017 (9).

[134] 钱丽, 肖仁桥, 陈忠卫. 环境约束、技术差距与企业创新效率——基于中国省际工业企业的实证研究 [J]. 科学学研究, 2015 (3).

[135] 钱雪亚. 人力资本水平方法与实证 [M]. 北京: 商务印书馆, 2011.

[136] 秦天如, 梁文群, 牛冲槐. 基于SFA模型的区域不同创新主体的研发创新效率研究 [J]. 太原学院学报（社会科学版）, 2017 (1).

[137] 任耀, 牛冲槐, 牛彤, 姚西龙. 绿色创新效率的理论模型与实证研究 [J]. 管理世界, 2014 (7).

[138] 史丹, 马翠萍. 我国能源需求的驱动因素与节能减排政策效果分析 [J]. 当代财经, 2014 (10).

[139] 宋涛, 荣婷婷. 人力资本的集聚和溢出效应对绿色生产的影响分析 [J]. 江淮论坛, 2016 (3).

[140] 舒尔茨. 报酬递增的源泉 [M]. 北京: 北京大学出版社, 2001.

[141] 孙理军, 严良. 基于生态创新系统的矿产资源密集型区域可持续发展模式研究 [J]. 宏观经济研究, 2012 (12).

[142] 王蓓, 刘卫东, 陆大道. 中国大都市区科技资源配置效率研究: 以京津冀、长三角和珠三角地区为例 [J]. 地理科学进展, 2011, 30 (10).

[143] 汪传旭, 任阳军. 高技术产业绿色创新效率的空间溢出效应

[J]．产经评论，2016，7（6）．

［144］王丹．国家科技创新体系中投入产出的时滞影响研究［D］．哈尔滨：哈尔滨工业大学，2016．

［145］王稼琼，绳丽惠．区域创新体系的功能与特征分析［J］．中国软科学，1999（2）．

［146］王缉慈．创新与区域创新环境［J］．经济地理，1999，19（1）．

［147］王惠，苗壮，王树乔．空间溢出、产业集聚效应与工业绿色创新效率［J］．中国科技论坛，2015（12）．

［148］王丽芳，侯普育．西部地区生态环境与可持续发展研究［J］．西北大学学报（哲学社会科学版），2007（2）．

［149］王锐淇，彭良涛，蒋宁．基于 SFA 与 Malmquist 方法的区域技术创新效率测度与影响因素分析［J］．科学学与科学技术管理，2010，31（9）．

［150］王少国，潘恩阳．人力资本积累、企业创新与中等收入陷阱［J］．中国人口·资源与环境，2017，27（5）．

［151］魏权龄．数据包络分析［M］．北京：科学出版社，2004．

［152］吴凡，刘雪娇，谢文秀．基于共同前沿 DEA 的中西部地区全要素能源效率研究［J］．经济问题探索，2016（11）．

［153］吴美琴，肖慧，樊晓宏，李常洪．区域绿色创新三阶段效率研究——基于 NSBM 模型的分析［J］．山西大学学报（哲学社会科学版），2016，39（6）．

［154］肖黎明，肖沁霖．国内外绿色创新研究进展与热点——基于 CiteSpace 的可视化分析［J］．资源开发与市场，2018，34（9）．

［155］熊彼特．经济发展理论［M］．北京：商务印书馆，1991．

［156］许陆军．低碳经济视角下安徽省区域创新效率研究［J］．科技管理研究，2014（18）．

［157］许瑞庆．研究、发展与技术创新管理［M］．北京：高等教育

出版社, 2000.

［158］许岩, 曾国平, 曹跃群. 中国人力资本与物质资本的匹配及其时空演变［J］. 当代经济科学, 2017, 9（3）.

［159］杨剑, 梁樑. 基于生命周期理论的区域创新系统研究［J］. 中国科技论坛, 2006（1）.

［160］杨俊, 邵汉华, 胡军. 中国环境效率评价及其影响因素实证研究［J］. 中国人口·资源与环境, 2010, 20（2）.

［161］杨庆义. 绿色创新是西部区域创新的战略选择［J］. 重庆大学学报（社会科学版）, 2003（1）.

［162］杨秋月, 陈清华. 环境规制与工业企业绿色创新效率——基于面板数据的2SLS实证研究［J］. 宁夏社会科学, 2017（5）.

［163］杨世琦, 杨改河. 可持续发展研究进展［J］. 西北农林科技大学学报（社会科学版）, 2001（4）.

［164］杨燕, 邵云飞. 生态创新研究进展及展望［J］. 科学学与科学技术管理, 2011（8）.

［165］姚平, 祁雅南. 山西、黑龙江两省煤炭城市科技创新效率测度及比较研究［J］. 中国科技论坛, 2012（7）.

［166］姚西龙, 王文熹, 刘佳. 能源要素价格、环境规制强度与工业绿色创新效率的关系研究［J］. 价格理论与实践, 2014（10）.

［167］叶文虎. 可持续发展之路［M］. 北京：北京大学出版社, 1994.

［168］应瑞瑶, 周力. 资源禀赋与绿色创新——从中国省际数据的经验研究看"荷兰病"之破解［J］. 财经研究, 2009, 35（11）.

［169］余菜花, 廉同辉, 刘军. 中国低碳研究的知识图谱分析［J］. 资源科学, 2012, 34（10）.

［170］余华银. 生态创新：农业可持续发展的必然选择［J］. 经济问题, 1998（8）.

［171］余淑君, 李雪松, 彭哲远. 环境规制模式与长江经济带绿色创

新效率研究——基于38个城市的实证研究［J］．江海学刊，2017（3）．

［172］岳书敬．中国区域研发效率差异及其影响因素——基于省级区域面板数据的经验研究［J］．科研管理，2008，29（5）．

［173］岳书敬，王旭兰，许耀．中国工业行业低碳创新及其影响因素解析［J］．财经科学，2014（9）．

［174］于成学．中国副省级城市科技创新效率评价与实证［J］．科技管理研究，2010，30（1）．

［175］余慧敏．环境规制对绿色创新绩效的影响——以研发密度为调节变量［J］．新经济，2015（2）．

［176］张钢，张小军．绿色创新研究的几个基本问题［J］．中国科技论坛，2013（4）．

［177］张钢，张小军．企业绿色创新战略的驱动因素：多案例比较研究［J］．浙江大学学报（人文社会科学版），2014，44（1）．

［178］张国兴，高秀林，汪应洛等．中国节能减排政策的测量、协同与演变——基于1978~2013年政策数据的研究［J］．中国人口·资源与环境，2014（12）．

［179］张俊芳．国家创新体系的效率及其影响因素研究［M］．北京：经济科学出版社，2012.

［180］张旭，王宇．环境规制与研发投入对绿色技术创新的影响效应［J］．科技进步与对策，2017，34（17）．

［181］张晓玲．可持续发展理论：概念维度与展望［J］．中国科学院院刊，2018，33（1）．

［182］张艳，吴中，席俊杰．区域创新系统的内部机制［J］．工业工程，2006，9（3）．

［183］张宗益，周勇，钱灿等．基于SFA模型的我国区域技术创新效率的实证研究［J］．软科学，2006，20（2）．

［184］赵国浩，杨毅，朱莉莉．中国能源投资效率的测度分析［J］．数量经济技术经济研究，2015（2）．

［185］中国科技发展战略研究小组等．中国区域创新能力报告（2017）［M］．北京：科学技术文献出版社，2017．

［186］中国科技发展战略研究小组等．中国区域创新能力报告（2018）［M］．北京：科学技术文献出版社，2018．

［187］朱南，卓贤，董屹．关于我国国有商业银行效率的分析与改革策略［J］．管理世界，2004（2）．

［188］周海华，王双龙．正式与非正式的环境规制对企业绿色创新的影响机制研究［J］．软科学，2016，30（8）．

后 记

当今世界，科技创新已经成为提高综合国力的关键支撑，成为社会生产方式和生活方式变革进步的强大引领。绿色低碳创新是践行"创新、协调、绿色、开放、共享"五大发展理念的集中体现，也是实施国家创新驱动发展战略的重要组成部分，对区域实现经济转型、协调发展、共同富裕具有重要的现实意义。绿色低碳创新不仅是解决当前环境污染问题的新办法，还是实现经济社会可持续发展和建设世界科技强国的新举措。实行绿色低碳创新能使区域经济、能源和环境得以协调发展，实现经济效益、社会效益和环境效益的共赢。

本书是本人近年来科研成果的总结和凝练，凝聚了诸多的心血和汗水。漫漫科研路，艰辛与快乐并行。值此书稿付梓之际，谨向全力支持我进行研究工作和书稿撰写的领导、同事、家人和朋友表示深深的谢意！

首先，在本书的写作过程中，得到太原理工大学经济管理学院领导的大力支持，得到太原理工大学经济管理学院牛冲槐教授、李玮教授、栗继祖教授、陈怀超教授和姚西龙副教授的精心指导，得到太原理工大学经济管理学院张荣霞博士、香港城市大学博士研究生孙文同学和广西财经学院硕士研究生秦天如同学的热情帮助，在此表示衷心的感谢！

其次，本书得到国家自然基金和山西省科技厅的资助，在此深表谢意！

最后，由衷地感谢我的家人和亲友，是他们的爱和支持鼓舞着我不断克服困难，勇敢地攀登人生的新高峰。

梁文群

2018 年 12 月